"211工程"三期重点学科建设项目

"西部大开发与区域发展理论创新"

国家开发银行资助项目

"西部大开发重大战略问题研究基金"

浙江省教育厅项目（581180-F41501）

浙江省自然科学基金（LY17G030018）

West 西部大开发研究丛书

不完全信息下的
企业竞争策略选择

Firms' Competition Strategies
under Incomplete Information

武福兰 著

ZHEJIANG UNIVERSITY PRESS
浙江大学出版社

图书在版编目（CIP）数据

不完全信息下的企业竞争策略选择／武福兰著. —
杭州：浙江大学出版社，2017.9
ISBN 978-7-308-17390-2

Ⅰ.①不… Ⅱ.①武… Ⅲ.①企业竞争—竞争力—研
究 Ⅳ.①F271.3

中国版本图书馆 CIP 数据核字(2017)第 221747 号

不完全信息下的企业竞争策略选择

武福兰 著

责任编辑	杨利军　沈巧华
责任校对	陈静毅　梁　容　丁佳雯
封面设计	春天书装
出版发行	浙江大学出版社
	（杭州市天目山路 148 号　邮政编码 310007）
	（网址：http://www.zjupress.com）
排　　版	杭州中大图文设计有限公司
印　　刷	杭州日报报业集团盛元印务有限公司
开　　本	710mm×1000mm　1/16
印　　张	7.5
字　　数	131 千
版 印 次	2017 年 9 月第 1 版　2017 年 9 月第 1 次印刷
书　　号	ISBN 978-7-308-17390-2
定　　价	25.00 元

西部大开发研究丛书

总　序

　　2011年是"十二五"规划的开局之年,也是西部大开发新10年的起始之年。过去的10年是西部地区经济社会发展最快、城乡面貌变化最大、人民群众得到实惠最多的10年,也是西部地区对全国的发展贡献最突出的10年。西部地区经济年均增长速度达到11.9%,主要的宏观经济指标10年间都翻了一番以上。基础设施建设取得突破性进展。青藏铁路、西气东输、西电东送等标志性工程投入运营。生态建设规模空前,森林覆盖率从10年前的10.32%提高到现在的17.05%,提高了约6.7个百分点。社会事业取得长足进步,"两基"攻坚计划目标如期完成,卫生、社会保障、就业等基本公共服务能力大大增强。人民生活水平得到明显提高,城乡居民的收入分别是10年前的2.7倍和2.3倍。改革开放深入推进,东、中、西部地区互动合作的广度和深度不断拓展,对内对外开放的新格局初步形成。广大干部群众开拓创新意识不断增强,精神风貌昂扬向上。

　　站在新的起点上,我们也清楚地看到,目前东西部发展的差距仍然较大。2009年,西部人均生产总值、城镇居民可支配收入、农村居民纯收入分别只有东部地区的45%、68%、53%,依然是我国区域协调发展中的"短板"。按照党中央、国务院的部署,深入实施西部大开发战略将被放在区域发展总体战略的优先位置,给予特殊的政策支持,推动西部地区的经济综合实力上一个大台阶,人民群众的生活水平和质量上一个大台阶,生态环境保护成效上一个大台阶,基本全面建成小康社会。

　　浙江大学中国西部发展研究院(简称西部院)是在2006年10月由国家发展改革委员会和浙江大学共建成立的,其目的是围绕西部大开发的全局性、综合性、战略性问题开展理论和应用研究,形成促进东西部地区互动合作、共同发展的重要科研交流和人才培训基地,为国家有关部门和地方政府制定发展规划和政策提出建议,为各类企业、社会团体和组织提供咨询服务。

西部院成立迄今,作为一个创新科研实体,站在"跳出西部思考西部,跳出西部发展西部"的新视角,一直以"服务西部经济社会发展"为己任,以建设"科学研究基地、科技服务基地、人才培养和培训基地、国际合作与交流基地"为目标而努力奋进。先后承担了大量国家战略层面的项目研究,并对西部大开发中的前瞻性问题进行了一系列的学术探索,成果斐然,如先后参加了《关中—天水经济区发展规划》《"十二五"时期促进基本公共服务均等化规划思路研究》《呼包银重点经济区发展规划》《"十二五"完善基本公共服务体系规划》等国家重大规划编制的相关研究,开展了"西部大开发与区域发展理论创新""西部大开发重大理论问题研究"等重大课题的研究,形成了有价值的成果,这些研究成果既为西部大开发提供了理论基础,也对实践活动具有积极的指导作用,体现了西部院作为西部开发智库的重要作用,体现了一个学术机构的社会责任。

此次西部院编辑出版的这套"西部大开发研究丛书",是西部院自2008年始,针对西部大开发中的热点和难点问题,组织国内专家学者深入开展研究后形成的一批重要成果,内容涉及西部地区政策评估、东西部差异变动分析、产业发展、生态环境保护、能源资源开发和利用、基本公共服务均等化、人才开发、文化发展及财税体制等与西部经济社会发展密切相关的多个领域,具有较大的理论意义和现实价值。我相信,这套丛书的出版发行将有助于把西部大开发问题的研究引向深入。

2011 年 10 月

前　言

中国"走出去"战略实施十多年以来，一大批企业走出国门，参与国际市场竞争，并取得了辉煌的成就。随着经济全球化程度的不断加深，企业"走出去"步伐加快。同时，"一带一路"倡议的全面推进也为中国企业"走出去"进一步指明了方向，提供了重要的机遇。然而，当一家企业开拓一个全新的海外市场，这个企业不仅要面对来自新市场上知名在位企业的竞争，也要面对来自其他国内外新进入企业的竞争。不仅如此，一家企业在进入新市场的过程中还要面临诸多的信息劣势问题。在这种情况下，研究一个新进入企业如何选择其产品质量、价格和广告策略，从而使其在与新进入市场的知名在位企业以及其他新进入企业展开竞争的过程中，取得优势地位，并成功赢得新进入市场具有非常重要的意义。本书正是作者基于对上述问题的思考而撰写的。

已有大量的经济学文献对新进入企业在不完全信息市场条件下的产品、价格以及广告策略进行了研究探讨。本书借鉴了前人的研究经验，分别运用外生质量和内生质量的经济理论模型研究了企业的产品质量、价格和广告选择策略。本书的外生质量模型考察的是一些已经在国内市场上建立了声誉，而在国外新市场上的声誉还没有完全建立起来的大型企业参与国际竞争的过程中所面临的信息产品差异，也即新进入市场消费者对新进入企业与知名在位企业产品质量知晓程度的差异，对新进入企业产品和价格策略的影响。本书的内生质量模型分析了新进入企业之间展开竞争时，所应采取的产品质量、价格和广告策略。本书分为六章，其中第二、三、四章运用外生质量选择和内生质量选择的理论模型研究企业的策略选择。第五章提供了几个成功"走出去"的企业的案例,并分析了其产品质量、价格和广告策略,以进一步论证支持理论模型的结论。第六章进行了总结。

本书在写作的过程中得到了浙江大学中国西部发展研究院的大力支持。西部院的领导与同事给予了很多的指导与帮助。本书力求在内容上有一定的创新性与实用性,希望本书的结论可以为读者就新进入企业的定价等竞争策略的研究提供一定的参考。

由于作者的学术水平和研究经历有限,加上受撰写时间的限制,本书只能说是抛砖引玉,书中难免存在错误和疏漏,敬请专家和读者批评指正。

作者

2017 年 5 月

内容提要 本书运用理论和经验的方法研究了在不完全信息市场条件下，一家新公司如何在价格、广告策略等选择方面展开竞争，并向消费者传递其无法观测的质量信息，以进入并赢得市场。本书第二章和第三章在质量外生假定的情形下，考察了在经验品市场上在位者和进入者之间的竞争，仅有一些消费者未知进入者的产品质量，在位者可能知道也可能不知道进入者的产品质量。我们依次考察了在同质的和存在着水平差异化的产品市场上，进入者和在位者的价格策略选择以及进入者的进入问题，并对两个市场的结论进行了比较分析，结果表明，知情在位者和消费者的存在以及产品的水平差异化有利于进入者的进入。第四章在质量内生假定的情形下，探讨了公司如何联合使用价格和广告信号传递其无法被观测的质量选择信息。我们发现了一个完全垄断或者双寡头垄断公司选择高质量的均衡。均衡结果表明，随着竞争程度从完全垄断开始不断加强，刚开始的时候价格下降而广告水平提高。第五章通过对我国"走出去"企业的案例分析，考察了我国企业"走出去"过程中所采取的产品质量、价格和广告策略，并得出了与模型一致的结论。

ABSTRACT Both theoretical and empirical methods have been applied to examine how a new firm competes in price and/or advertising, in order to signal its unobservable quality and enter a market under incomplete information. Chapter II and Chapter III assume quality is exogenously determined by nature, and focus on competition between an incumbent and an entrant in an experience goods market when only the entrant's quality is unknown to (some) consumers. The incumbent may or may not know the entrant's quality. We study the entrant and incumbent's price strategies and entry in a good market without and with horizontal differentiation. The results from comparison of two markets show that the existence of informed incumbent and consumers, and product differentiation facilitates entry. Chapter IV explores how firms can use price and advertising jointly as a signal of their unobservable choice of quality. We find an equilibrium in which the monopoly or the duopoly firm chooses high quality. The equilibrium results show that as competition gets more intense from the monopoly, initially prices decrease and the level of advertising increases. Chapter V provides case studies of firms' choices of quality, price and advertising, when they start to go globally. The results are consistent with those obtained from our theoretical models.

目　录

CONTENTS

第一章

引　言

　　信息经济学是微观经济学理论的一个分支，是研究信息如何影响经济和经济决策的理论。[①] 这一研究方法的前提是，交易中的一方当事人通常比另一方有信息优势。[②] 信息不对称可能存在于不同市场的任何一次交易的当事人中。比如，在劳动力市场里，雇员比雇主更了解自己的能力水平；在一个产品市场里，卖方比买方更了解产品的质量信息。逆向选择（Akerlof，1970）和道德风险是信息不对称下会产生的两类问题。由信息不对称而产生的问题已经成为众多学科在市场交易研究中的一个重要的考虑，比如劳动经济学、产业组织理论、营销学、会计学、金融学等。本书主要研究的是经验品市场，在这一市场中，消费者通常无法在购买前获知产品的质量。

　　在很多市场中，一种比较常见的现象是，消费者通常无法对不同产品品牌进行明确的质量比较。对经验品而言，这一现象的存在尤为普遍，这是因为消费者只有在购买后才能获知经验品的真实质量。一个可能的解决方案是使用信号传递，即知情的卖方采取行动向不知情的消费者揭示其真实的质量类型。在有关公司无法观测的产品质量的信号传递文献中，价格、广告费、企业声誉、品牌、店名、保证书等选择变量被广泛地研究。信号传递理论假设消费者是理性的，即消费者预期公司会使公司通过信号传递的隐含承诺变得可靠。究其原因在于，公司通过传递错误的信号来欺骗消费者的行为在经济上是不可取的。在有关质量信号传递的文献中，涉及公司激励的信号传递方法已经被广泛地研究。

[①] 定义参考 http://en. wikipedia. org/wiki/Information_economics。
[②] 参见 Kirmani 和 Rao（2000）对于不可观测的产品质量信号传递的文献综述。

关于质量信号传递理论的大量文献主要集中在对价格、广告费和产品质量之间的关系的研究。有关公司如何利用价格和/或广告来传递其无法被观测的质量信息的理论研究揭示出高价格是传递高质量的信号。这一价格—质量关系在完全垄断市场或双寡头市场会随着时间的推移而弱化。[1] 重复性购买,或具有一定比例的知情消费者是花费性广告可以作为质量传递信号的必要条件(Farrell,1980)。对质量信号传递的理论研究可分为两大类:一类认为质量是由自然外生决定的,另一类认为质量是由公司内生选择的。

外生质量文献倾向于追随经典的信号传递模型,如 Kihlstrom 等(1984)、Milgrom 等(1986)、Bagwell 等(1991)、Linnemer(2002)和 Linnemer(2008)的文献。Kihlstrom(1984)和 Milgrom 等(1986)建立了一个正式的信号传递模型,模型结果表明花费性广告可以作为质量传递的一种信号。Kihlstrom 和 Riordan(1984)考虑了一个将花费性广告作为质量传递信号的模型,其中公司是价格的接收者。Milgrom 等(1986)提出了一个垄断者使用价格和花费性广告信号来传递其质量信息的模型。重复购买是该模型的基本特征。他们的研究表明,花费性广告与质量之间的关系是正向的,且随着时间的推移而弱化。他们的模型源于受 Nelson(1974)的启发。Nelson(1974)认为,如果公司的产品质量很好,那么公司就更有动机吸引消费者来尝试其产品,这是因为高质量的产品更有可能吸引消费者进行重复购买。广告可以扩大企业的初始销售量,这一点对高质量公司而言更有利。如果公司产品是高质量而非低质量的,那么将钱花在广告上会是一个有利可图的策略,因为低质量公司均衡时的利润可能不足以弥补其广告费支出。

Bagwell 和 Riordan(1991)采用了同样类型不完全信息下的信号传递模型,但是将价格而非广告作为质量传递信号。[2] 他们的研究表明,高质量公司会在推出时以高价格出售,但这一价格会随时间推移逐渐下降,并接近完全信息下的垄断价格。由于高成本公司相对低成本公司更愿意限制销售量,这时的高价格传递了高质量的信号。此外,这种高价格也可能使

---

① 在一个运行良好的市场中,人们可能预期产品质量与价格之间存在很强的正向关系。但是,有关质量和价格关系的经验研究,包括 Sproles(1977)、Riesz(1978,1979)、Geistfeld(1982)表明,在一个不完美和竞争的市场中,这种正向的关系是针对特定产品而言的,并且一般很弱。Gerstner(1985)有类似的发现,并且解释了质量与价格的关系在不同产品中是如何变化的。

② Bagwell(1992)展开过一个关于垄断者生产一个产品线的相关分析。

知情消费者拒绝购买,因此高质量公司会因为定价偏高而失去更多的销售量。随着产品质量信息的不断扩散和知情消费者越来越多,对于高质量的公司来说,质量信号传递变得更容易。高质量公司出售产品的价格也因此随着市场的成熟逐渐下降。

Linnemer(2002)构建了一个同时使用广告和价格作为质量传递信号的模型,并发现当知情消费者的比例中等时,公司将联合使用价格和广告作为质量的信号传递。[①] 但是,当知情消费者的比例很低时,公司只能使用高价格传递其高质量的信号。花费性广告有时可作为一个有用的信号的原因在于:高价格会使得高质量公司在不知情消费者身上蒙受的损失低于低质量公司;同时,高价格也会使高质量公司在知情消费者身上蒙受的损失高于低质量公司。第二个效应促使了广告在质量信号传递中的使用,从而降低价格。

Linnemer(2008)对 Nelson(1974)的针对花费性广告可作为产品质量传递信号的观点,提出了一个新的解释。他考察了一个垄断模型,其中产品的质量和边际生产成本未知,不存在重复购买或知情消费者。他证明了边际成本的额外不确定性,使得花费性广告成为一个必要的产品质量传递信号。

外生质量文献假设自然选择公司的质量,而内生质量文献则假设公司自己决定其产品质量。著名的内生质量文献包括 Klein 等(1981)、Sharpiro(1983)、Wolinsky(1983)、Riordan(1986)、Rogerson(1988)、Bester(1998)、Rasmusen(2008)以及近期的 In 等(2012)的文献。Klein 等(1981)考察了一个标准内生质量设定,其中产品成本随质量而增加,且高质量比低质量更有效。长期的重复购买对他们的模型而言非常关键。均衡中,声誉良好的卖方可以以一个高于边际成本的价格出售产品。更进一步地讲,均衡价格必须足够高,以使卖方偏好高质量和稳定利润,而不是低质量和即期的短暂利润。由于买方能够正确地推断出哪些定价更低的卖方一定会选择生产低质量产品,因此均衡中存在着持续的正利润。稳定利润所带来的长期收益将超过通过质量欺骗而得到的一次性收益。因此,重复购买的可能性决定了公司产品质量的选择。

在 Klein 等(1981)之后产生了大量文献,但是这些文献仅仅研究了将公司价格选择作为质量的传递信号,原因在于广告对质量的信号传递作用还未

---

① Bagwell(2006)也研究了在一个静态设定中,将广告和价格联合作为质量传递信号的模型。但在这一模型中,广告可以直接影响需求。也可参阅 Bagwell(2007)的文献中对广告、价格和产品质量的详细探讨。

正式发展起来。比如,Sharpiro(1983)也推导出了经验品市场的一个均衡价格—质量表。在这样一个市场中,卖方有动机降低质量并获取短期收益。为了阻止这种降低质量的行为,价格—质量表显示高质量产品可以以高于他们成本的溢价出售。这种溢价可看作是卖者对于声誉投资的补偿。

Wolinsky(1983)探究了一个搜寻模型,模型中市场信息是不完全的,也即仅厂商自己知道其选择的真实质量;但即便消费者不付出特定的努力,他们还是会收到一些有关产品质量的信息。如果公司的产品质量和数量相同,那么其成本也相同;公司自主选择他们产品的质量水平和价格。对于不同质量的产品,消费者愿意支付的价格不同。均衡中,价格可作为质量传递信号,并能准确区分已有的质量水平。也就是说,存在一个满足期望的均衡,在此均衡中,每种价格信号对应唯一的质量水平。此外,每种价格信号超过了其所传递质量生产的边际成本。这种成本基础上的加价取决于消费者接收到的产品特定信息的性质。信息质量的增加会导致价格的下降。

Riordan(1986)研究了在一个垄断竞争的经验品市场中,价格作为质量传递信号和重复购买是如何共同影响厂商的质量选择动机的。假定这个经验品市场中的消费者购买前均已获知公司的质量水平,公司在消费者重复购买的这段时期中保持其价格和质量不变。那么消费者最初的购买基于其观察到的价格,此价格信号无论在均衡中还是在非均衡中,都完美地传递了公司的质量信息。高品质对应一个更高的成本加成定价。价格成功地向消费者传递了质量信息,这是源于价格对公司质量选择动机的直接影响。均衡质量低于在完全信息均衡时的有效质量。随着重复购买相对于初始购买的增加,或者随着公司销售相对于整个市场份额的减少,均衡时的产品质量会有所提升,市场会趋于完全信息下的均衡。

Rogerson(1988)研究了在不完全信息下搜寻商品市场。广告仅仅揭示了价格信息,而非产品的质量。他的研究表明,在同时考虑价格和广告的情况下,价格在均衡中可成为质量的传递信号。这里的关键是,消费者从广告中获取的是价格而不是质量信息。当他们搜寻质量需要付出成本时,如果发现给定的价格下的质量相对较高,那么他们就更愿意购买这家公司的产品。同时,如果价格高于边际成本,公司也会有更强的意愿提高质量以获取这种好处。因此,在均衡中,更高的价格传递更高的质量信号。

Riordan(1986)、Bester(1998)考察了一个经验品市场,其中公司首先选择价格和质量。消费者在第一次购买后得知卖方的质量,然后决定是否从同一卖方处进行重复购买。因此,公司的未来需求与消费者的初始购买体验正相关。重复购买效应和质量溢价共同为公司生产高质量的产品提供了一种激励。

Rasmusen(2008)借用了 Klein 等(1981)的框架来考察竞争行业中的产品质量模型。他的研究表明,通过维持质量赢得利润的思想并不局限于多期模型,也依赖于公司未来的销售量激励其提供高质量。他列出了利润可产生于一个时期的三种情景假定:消费者误差,知情和非知情的消费者,法律的无能。因此,像 Klein 等(1981)模型中的未来利润一样,这种利润甚至可在静态设定的情景下避免公司削减质量或价格。

然而,迄今为止,有关内生质量的文献还没有考虑公司同时使用价格和广告来传递其无法被观测的质量的可能信号。这可能是由于缺少一致的方法来处理非均衡时的价格和广告组合水平。In 等(2012)研究了一个通用的框架来分析无法被观测的选择信号传递问题。他们阐述了均衡精炼,并给出了几种重要的应用,其中之一是当质量由公司内生质量决定时,考虑将广告引入作为质量的传递信号。这是广告首次被引入这样一种设定中,他们的研究表明花费性广告不能起到信号传递的作用。然而,他们同样指出,有助于提升需求的广告可能有传递信号的作用。

本书探讨了在质量由自然外生决定或由厂商内生决定的两种情况下,公司如何使用价格和/或广告作为信号传递其无法被观测的质量,并赢得市场。

在接下来的第二、三章中,我们探究了当且仅当一些消费者对进入者质量知情时,公司的市场进入和质量信号传递问题。我们考察了一个有两家公司的经验品市场,即拥有一个在位者和一个潜在进入者的市场。进入者和所有消费者都知道在位者的质量,但有一些消费者对进入者的质量不知情。在位者可能知道也可能不知道进入者的质量。进入者的质量是由自然外生决定的。首先,本书通过允许在位者和一些消费者知道进入者的质量,延伸拓展了 Bagwell(1990)的静态模型。存在知情在位者会引起信号传递的公共信息问题。Bagwell 等(1991)提出的无偏见的信念(unprejudiced beliefs)被用来解决这一问题。其次,我们也探讨了共同信息背景下,由信息产品差异所引发的进入壁垒问题。令人惊讶的是,我们发现,在存在知情在位者的均衡中,进入者的进入可能变得容易,在位者的低价格信号传递出进入者的高质量,而在位者的高价格信号传递出进入者的低质量。再次,本书进一步将第二章的模型扩展到一个水平差异化的经验品市场。两家公司基于霍特林模型展开竞争。本书检验了第二章

5

得到的结论是否在水平差异化的市场有所不同。均衡结果表明，这一扩展得出了几个额外的启示。在一个在位者采用混同价格策略的均衡中，结果显示了在不完全信息下高质量进入者的进入行为可能变得容易，此时进入者的高价格信号传递其产品的高质量。这与第二章得到的高质量进入者的进入行为受挫的结论有所不同。除此之外，我们还发现当知情消费者的比例超过一个阈值，且在位者知道进入者的质量时，存在一个无扭曲的均衡，均衡中在位者和进入者采用完全信息下的价格策略。

第四章分析了当假定质量由公司内生决定时，公司如何同时使用价格和广告来传递其无法被观测的质量信息。这是首次在这类研究文献中正式地分析价格和广告的联合信号传递作用。我们考察的博弈中通常有多种均衡。我们使用 In 等（2012）提出的重复排序不变性来寻找唯一的子博弈精炼贝叶斯均衡。我们首先探索了 In 等（2009）的观点，即需求提高型广告可以成为质量传递的信号；并且发现当价格无法单独地引致公司在均衡中选择高质量时，公司将不得不增加广告以传递其高质量的信号。然后，我们将此模型延伸，分析了两家公司的不完全竞争情况。我们发现，当价格无法单独成为质量传递的信号时，随着竞争的程度从完全垄断开始逐渐增加，公司趋于设定一个更低的价格和一个更高水平的广告来传递其高质量的信号。同时，我们也进行了社会福利分析，并探讨了相关政策的应用。如果价格无法单独成为一个有效的信号，作为高质量传递信号的广告水平的增加，可能会导致社会福利的损失。然而，当价格无法单独成为质量传递信号时，禁止广告可能使得公司在均衡中从高质量转向低质量，从而使得社会福利损失得更多。

第五章考察了在"一带一路"倡议下，我国企业"走出去"的案例，并通过对案例中企业产品质量、价格和广告策略选择的分析，进一步检验了理论模型中的结论。当我国"走出去"的企业进入国外市场时，国外市场中的知名在位企业和一些消费者有可能知道我国进入企业的质量，也或者对我国进入企业质量的知晓程度较另一些消费者高。此外，我国企业不仅要和国外市场中的知名在位企业竞争，而且还要和国外市场上其他新进入企业竞争。这与本书第二、三、四章的模型情景假设相符合。案例分析的结果进一步证实了理论模型所得出的结论，即企业"走出去"过程中的产品差异化策略将有助于其赢得国外市场。不仅如此，企业通过较高的进入价格向消费者传递其产品的高质量，通过较低的进入价格向消费者传递其产品的低质量。随着竞争程度的逐步加大，企业将不得不竞相压低产品的价格，同时增加广告的支出。

第六章对第二至五章进行了总结。

第二章

存在一些知情消费者时企业的
进入与质量信号传递

第一节 引 言

在一个最初由一家厂商（在位者）完全垄断的经验品市场中，当引入一个新品牌时，进入者可能会面对一些已知其产品质量的消费者和另一些未知其产品质量的消费者。如果所有消费者已经知道知名在位者最初所建立品牌的质量，那么就会产生信息产品差异：所有消费者都知道在位者的质量，而只有一些消费者知道进入者的质量。这种情形通常会出现在一家新公司进入市场，并且不得不与一个知名品牌竞争时。本章致力于解决的问题是，假定在位者知道，或者不知道进入者的产品质量时，经验品市场中信息产品差异所导致的进入壁垒，以及价格的质量信号传递作用。

已经有很多学者探讨了进入者如何向不知情的消费者传递其无法被观测的质量信息，以及在经验品或搜寻商品市场中信息产品差异如何影响企业进入的可能性。[①] 比如，Bain（1956）、Schmalensee（1982）、Farrell（1986）、Bagwell（1990）和 De Bijl（1997）。Bain（1956）首次提出信息产品差异可以成为市场进入的壁垒。[②] Schmalensee（1982）考察了一个经验品市场，在这个市场中在位者的产品高质量众所周知，而进入者的质量可能高也可能低，两者展开竞争。他的研究表明消费者对进入者的产品质量的不

---

① 搜寻产品的质量可以通过购买前的检查来进行，而经验品的质量无法通过购买前的检查确定。这种区别是 Nelson（1970）提出的。

② 进入壁垒的定义详见 Stigler（1968）和 Von（1980）的文献。

确定性会使得进入者处于劣势地位。实际上,消费者寻求保险,并且乐意对在位者提供的高质量产品支付风险溢价。因此,在位者可以阻止拥有同样效率的进入者进入并且获利。

Farrell(1986)假定在位者的产品质量是共同的信息,同样考虑了一个经验品市场进入的模型。进入者的产品质量可能高也可能低。他的研究表明,由于理性的消费者预期进入者可能提供低质量的商品来欺骗消费者而获得更多利润,消费者对于进入者质量的不确定性会使进入者产生进入困难。这可能帮助经验品市场的在位者阻止进入者的进入,并维持其超额利润或低效率。因此,他得出结论,即使假定消费者理性,消费者对于进入者的不信任也会创造出一个进入壁垒和先发优势。[①]

Bagwell(1990)从两个重要方面拓展了 Schmalensee(1982)的研究。第一个方面涉及质量扭曲。在他的模型中,在位者被假设为出售低质量产品,且其产品的低质量众所周知,而进入者的产品质量可能高也可能低。只有进入者知道自己产品的真实质量。消费者和在位者不确定进入者的质量水平。此外还假设高质量产品相较于低质量产品能产生更多的社会剩余。他证实了信息产品差异可能成为进入壁垒,从而导致有效的高质量进入者无法取代无效的低质量在位者。第二个方面的拓展是关于价格对质量的信号传递作用。他建立了一个信号传递模型,在这个模型中,消费者基于进入者的价格形成他们关于进入者质量的信念。他证明了存在着一个均衡,在这个均衡中进入者的高价格传递其高质量的信号,但是信息不对称会导致进入壁垒进而阻碍高质量公司的进入。

然而到目前为止,我们讨论的有关经验品的文献仅仅考察了在位者不知道进入者质量的信息结构这种情况。De Bijl(1997)考察了两种不同的信息环境,亦即在位者知道,或不知道进入者的质量。不过,他的关注点是搜寻商品市场上搜寻成本和信息产品差异是如何影响进入的。他考察的是一个搜寻商品市场,在位者产品质量的低水平是共同信息,而进入者的质量不确定,可能高也可能低。假设进入行为不需要成本。他证明了当搜寻成本很低时,一个高价格信号传递出进入者的高质量;并且当搜寻成本足够低,或者当在位者观察到进入者的产品质量时,进入者的进入行为可能更有利。这一发现的解释是,当搜寻成本足够低时,如果低质量进入者通

① Farrell(1986)写道:"Schmalensee(1982)已经检验这一问题,但是在他的模型中消费者担心进入者的产品质量是非理性的(或至少是不正确的)。"

8

过设定高价格来假装自己是高质量,那些发现进入者实际出售低质量产品的消费者会转向在位者。低质量的进入者知道这个道理,因此没有动机去模仿高质量的竞争对手。这一设定的显著特点是,搜寻商品的质量可以在购买前得到检验。

　　然而,在一个经验品市场中,对于进入者的产品质量,在位者可能比消费者有更多的内部信息。比如,在一个技术复杂的产品市场中,公司可能比消费者拥有更多的专业知识。[①] 或者,在一个国际市场中,当一个本国公司开始出口其商品给外国市场时,外国消费者可能不知道此商品的质量。但在这种情景下,外国公司可能获知更多有关此商品的质量信息,比如公司可能雇佣互相了解的专业人员,这些专业人员拥有一个共同的教育背景,或相同的工作经验。因此,当讨论涉及质量传递信号和信息产品差异作为进入壁垒的效果时,这是一个十分重要的层面。通过假设在位者可以观察到进入者的质量,我们可以考虑以上的情景。[②] 可能会涉及共同信息的信号传递情景,即两家公司的价格,而不仅是进入者的价格,可以作为进入者的质量传递信号。令人惊讶的是,在质量只有在购买后才能获知的经验品市场中,还没有学者研究过这一情景。

　　本章从两个方面拓展了 Bagwell(1990)的静态模型。首先,我们假设在位者可以观察到进入者的质量。捕捉了这样一种思想,即现实中当竞争对手新进入市场时,公司可能会比消费者获得更多有关其竞争对手质量的信息。因此,除了进入者的价格,消费者还可能使用在位者的价格,作为一个可能的进入者质量信号。这与 Bagwell(1990)的文章不同。在他的静态模型中,在位者无法观察到进入者的质量。因此,在位者和消费者在关于自然选择的进入者质量上总有着相同的信念。相应地,只有进入者的价格才能成为进入者质量的传递信号。其次,我们分析了在一些消费者获知进入者的质量水平假定下的静态模型。这一假定的用意在于一些消费者可能比其他消费者更有专业知识,从而拥有更多信息。这与 Bagwell 的模型中所有消费者不知道进入者质量的假定不同。

　　为了使研究完整,我们也将考虑在位者无法观测到进入者的质量的情

---

　　① 　比如,在位者在评估竞争产品方面有专业技术时,通过共同的供应商获得相关信息,或者在技术复杂产品的情形下从事工业间谍活动(Matthews et al.,1990)。

　　② 　这是假设公司比消费者拥有更多信息的一种简化。

形。[①] 但是,我们主要关注的是在位者可以观察到进入者的质量的情形。我们的分析表明,在在位者不知情的情形下,一些知情消费者并不能改变均衡结果,即进入者的高价格信号传递出其高质量;但信息产品差异导致了高质量进入者的进入壁垒。但是,在在位者知情的情形下会产生一些额外的发现。均衡中在位者选择分离价格而进入者选择混同价格,我们发现在位者的高价格传递出进入者出售低质量产品,反之亦然。有趣的是,进入行为可能变得更容易。

第二节　文献综述

与此研究相关的文献有三类。一是考察在共有私人信息的情况下,价格和广告的联合传递信号作用,比如,Hertzendorf 等(2001)、Fluet 等(2002)、Yehezkel(2009)的文献。Hertzendorf 等(2001)考察了一个双寡头垄断模型,该模型中一家公司出售高质量的产品,而另一家则出售低质量的产品。不同质量的产品的单位生产成本相同。两家公司知道自己及对方的产品质量,但是消费者并不知情。公司使用价格和广告支出作为信号来传递其质量信息。进一步地,这两家公司的产品没有水平差异。他们的研究表明,当垂直差异的程度足够大时,价格可以单独作为质量传递信号。但是,若垂直差异程度比较低,广告也会被当作质量传递信号。特别地,如果价格单独地被当作质量传递信号使用,那么价格不得不向上扭曲来传递质量信号;而如果广告被采纳,那么价格可能低于完全信息水平下的价格。

Fluet 等(2002)检验了一个与以上模型非常相似的双寡头垄断模型,模型中公司同时使用价格和广告来传递其质量信息。[②] 自然选择公司的质量,其质量水平可能高也可能低。消费者不知道任何一家公司的质量,但是公司可以观察到自然选择的质量。相对于低质量,消费者偏好高质量的产品,但是如果公司出售的产品的质量和价格相同,消费者则是中性的。他们同样发现,当品牌间的质量差异很小时,当且仅当广告被使用时,信号

[①] 由于卖方拥有关于生产技术和投入品质量的私人信息,他们相较于潜在购买者以及竞争对手而言,对其产品的质量很可能有更好的了解(Janssen et al.,2007)。

[②] Fluet 等(1995)对于公司不同类型的广告提供了一个统一的解释,比如,为什么企业在没有重复购买时做广告,为什么已经建立了长期的品牌声誉的公司还在做广告,为什么低质量的公司在与其高质量对手竞争时做广告。

传递才有可能实现。当且仅当有足够大的质量差异时,单纯的价格才可能被当作质量传递信号。在他们的结论中,价格竞争是必需的。这是因为消费者面临着同时阐释两家公司的价格—广告策略这样一个问题。当一个低质量公司模仿其高质量对手的策略时,可能会使消费者推断某家公司在欺骗。然而,消费者并不知道是哪家公司在欺骗,这可能使得消费者修正对这两家公司的判断。因此,这种模仿行为与经济学中信号传递理论文献所描述的不同。

Yehezkel(2009)同样研究了在一个双寡头垄断市场中,将价格和广告支出作为联合信号的效果。公司对于他们的质量有共同信息。他采用了与 Hertzendorf 等(2001)一致的框架和均衡概念。但是他受到 Bagwell 等(1991)的开创性文献的启发,并且检验了当存在对质量知情的消费者时,竞争如何影响公司的信号传递行为。他的研究表明,高质量公司的分离价格是一个基于知情消费者比例的倒 U 形函数,而广告支出则随着知情消费者比例的增加而减少。他给出的解释是,竞争中的低质量公司在模仿高质量公司时存在着两个矛盾的动机。一方面,由于两家公司在争取不知情消费者时可能存在共谋利益,低质量公司通过模仿高质量公司的价格而使其利润增加;另一方面,高质量公司价格的提升会使得低质量公司的销售量增加,从而低质量公司选择模仿的利润也随高质量公司价格的上升而增加。知情消费者的数量越大,前一种效果越弱。

二是检验当假设公司的质量是其私人信息时,使用价格和/或广告作为质量传递信号的效果。比如,Janssen 等(2007)在一个拥有 n 家公司的寡头垄断市场里,研究了价格作为质量传递信号的作用。他们同样是受到了 Bagwell 等(1991)的启发。他们考虑了一个寡头垄断市场,其中每家公司的产品质量被外生给定,并且只有该公司知道自己的质量。每家公司的产品质量或高或低。生产高质量产品的成本比生产低质量产品的成本高。他们的研究表明,即使公司的产品间没有水平差异或其他对完全竞争市场模型的偏离,信号传递也会产生作用。实际上,不完全信息本身为信号传递创造了足够多的租金和市场势力。特别地,他们发现了对称的完全揭示均衡,均衡中高价格传递高质量信号。

三是关于共同信息信号传递的研究,此类研究探索了不同的问题。Matthews 等(1990)考察了经验品市场上在位者和进入者的花费性广告支出,公司互相拥有对方质量的完全信息。价格无法揭示他们的私人信息。所有消费者具有相同的偏好,其中一小部分消费者因具有专业知识而知晓公司的产品质量。他们提供了为什么已经建立的、质量众所周知的公司还要做广告的问题的解释。他们认为，在位者可能通过选择做广告告知消费者有关新进入者的产品质量。Bagwell 等(1991)研究了两家在位者的限制性定价策略，两家在位者都对一个行业成本参数的水平知情。[①] 每个在位者选择一个价格，进入者在观察了这些价格后推断行业成本。他们发现，两家在位者无法合谋欺骗，这就会导致分离均衡，该均衡中进入之前的价格不会扭曲。此外，他们证明了无偏均衡是唯一的可以同时满足无偏信念和直观标准的均衡。我们使用了与 Bagwell 等(1991)相同的均衡和精炼概念。

第三节　基本假设

考察一个由两家公司组成的经验品市场，包括一个在位者和一个潜在进入者。设 q 代表质量，其中 $q \in \{L, H\}$，$H > L > 0$。在位者的产品质量已知是低水平的，定为 L。进入者的质量未知，或高或低，分别用 H 和 L 表示。自然选择进入者的实际产品质量。进入者自身和一些消费者知道自然选择的实际质量水平，而在位者可能知道也可能不知道进入者的真实质量。定义 x 为知情消费者与不知情消费者的比值，其中 $x \geq 0$。[②] 不知情的消费者相信进入者以 θ 的概率出售高质量产品，以 $1-\theta$ 的概率出售低质量产品，其中 $\theta \in (0,1)$。[③] 换句话说，θ 是消费者关于进入者出售高质量产品的先验信念。这一先验信念是共识。

我们所关注的是潜在进入者和在位者对进入者质量知情的信息结构。为了使研究完整，我们从完全信息的基准情形着手，然后转向不完全信息的情形。为了进行比较，我们首先简单检验了存在一些对进入者质量知情

---

① Harrington(1987)和 Orzach 等(1996)同样考虑了限制性定价模型，其中两家或更多在位者对于生产成本有共同的私人信息，并且试图阻止进入者的进入。在他们的模型中，价格被作为生产成本的传递信号。

② 这种表述与 Bagwell 等(1991)使用的表述相同。如果进入者采取策略行为，x 可能是内生的。如果策略是有代价的，那么进入者不得不考虑如何选择其策略和价格。这可作为未来的研究方向。

③ 这是将信息产品差异作为进入壁垒的研究文献的标准设定。De Bijl(1997)认为，这一假设的一个可能的动机是，在位者使用的技术已经存在。但可能存在这种情况，即进入者成功地实现了创新从而使得其产品是高质量的。

的消费者会如何影响 Bagwell(1990)所得出的结论。^① 在位者和不知情的消费者对于进入者的质量类型有共同的信念(设定 1)。也即,在位者和不知情的消费者认为进入者出售高质量产品的概率为 θ 且这一信念是常识。在这种情形下,不知情的消费者仅可从进入者的价格来推断其质量。这是现有文献中的某种程度上的标准设定。

然后,我们通过假设在位者也能观察到进入者的质量,进一步拓展了 Bagwell(1990)的研究(设定 2)。进入者和所有消费者均知道在位者是知晓进入者的质量的,且这是大家都知道的事。因此,对不知情的消费者而言,进入者和在位者的价格都可以作为进入者质量的传递信号。

消费者的数量标准化为 1,以及每位消费者最多购买 1 单位产品。消费者对于相同质量产品的偏好相同。消费者的效用函数被假设为具有如下形式:$V_q(P)=U_q-P, U_H>U_L>0$,P 为价格,q 代表质量,$V_q(P)$ 是指消费者以价格 P 购买质量为 q 的商品时的效用函数,U_q 为消费者对质量为 q 商品的效用评价。不购买的效用为 0。给定进入者出售高质量产品的概率为 θ,我们可以将 $U_\theta-\theta U_H+(1-\theta)U_L$ 定义为不知情消费者对进入者产品的保留价格。消费者是风险中性的。消费者最大化其期望效用,并且若购买行为的期望效用为非负的,则消费者会购买 1 单位产品。

进入行为没有成本,规模收益不变,进入者的产品质量至少是不低于在位者的,而且这是大家都知道的事。^② 因此,相对于在位者,进入者仅面临信息劣势。公司的边际成本不变。生产低质量产品的边际成本是 c_L,而生产高质量产品的边际成本是 c_H,$c_H>c_L>0$。我们同样假设 $U_H-c_H>U_L-c_L>0$。也即,更高的质量带来更高的剩余,因此高质量比低质量更有效率。

在博弈过程中,质量和成本不可变。公司展开竞争,同时选择价格 P_E 和 P_I,且价格一旦选择就不能改变。质量为 L 和 H 的进入者所选择的相对应的价格分别为 $P_E(L)$ 和 $P_E(H)$。对于在位者而言,其价格基于不同的设定而定义。在设定 1 中,由于在位者无法观察到进入者的质量,P_I 将不取决于进入者的质量。然而,在设定 2 中,在位者知道进入者的质量,因此在位者的价格可能依赖于进入者的质量。因此,当在位者面对一个低质量的进入者时,我们使用 $P_I(L)$ 代表在位者的价格策略;当在位者面对一个

---

① 一些消费者可能比在位者拥有更多的产品质量信息,这是因为消费者或许是在进入者公司工作的专家或者专业人员,或许他们之前购买过进入者公司的其他相关产品。

② 这些都有利于进入的假设(Bagwell,1990)。

高质量的进入者时,则用 $P_I(H)$ 来代表在位者的价格策略。

据此,我们可以定义这两种不同设定中的利润。在设定 1 中,如果进入者出售高质量的产品,那么在位者和潜在进入者的利润分别为 $\pi_I^H(P_I, P_E(H))$,$\pi_E^H(P_I, P_E(H))$;如果进入者出售低质量的产品,那么他们相应的利润分别为 $\pi_I^L(P_I, P_E(L))$,$\pi_E^L(P_I, P_E(L))$。类似地,在设定 2 中,给定在位者的价格为 $P_I(H)$,质量为 H 的进入者价格为 $P_E(H)$,我们将在位者的利润定为 $\pi_I^H(P_I(H), P_E(H))$。$\pi_E^L(P_I(L), P_E(L))$,$\pi_E^H(P_I(H), P_E(H))$,$\pi_I^L(P_I(L), P_E(L))$ 的定义方式类似。

消费者接收到信息 (P_I, P_E)。在观察到价格组合后,将消费者的信念表示为 $b(P_I, P_E)$,即进入者的质量为 H 的概率。[①] 在设定 1 中,消费者的信念不会随在位者的价格改变而改变,这是由于在位者无法观察到进入者的质量,因此在位者的价格无法传递任何有关进入者质量的信息给不知情的消费者。在设定 2 中,在位者拥有关于进入者真实质量选择的信息,并且这是常识。因此,不像设定 1,消费者的事后信念必须适应这一变化。在观察到进入者或在位者的价格后,不知情的消费者可能会修正他们的信念。

博弈的过程如下:第一,自然选择潜在进入者的质量,这一选择被假定为对进入者自身和一些消费者已知,而在位者可能知情也可能不知情。第二,在位者和潜在进入者同时设定他们的价格,这可以被所有消费者观察到。第三,那些完全了解在位者质量但可能不确定进入者质量的消费者,在观察到双方价格后,形成他们关于进入者质量的事后信念,决定是否购买,以及如果购买时向哪家公司购买。

一、完全信息基准

假设消费者完全知道两家公司产品的质量。那么我们的静态均衡概念只是一个简单的在价格上的纳什均衡。在给定其他公司价格策略的情况下,每家公司选择一个使利润最大化的价格。

基于 Bagwell(1990)的研究,在接下来的两个命题中,如果进入者获得了一个正的市场份额,那么它就进入了市场;相对地,如果在位者可以阻止进入者占有市场,那么进入行为被阻止。[②] 本章附录中有所有的证明。

---

① 在设定 1 中,消费者的信念独立于在位者的价格;而在设定 2 中,消费者的信念会随着在位者的价格而更新。

② 因为我们假设进入成本为 0,严格地说,进入行为总是会发生的。

命题1 考虑静态完全信息博弈。

1. 如果 $q = L$，那么在任何静态均衡中，可以得到伯特兰德竞争结果：$P_I^*(L) = c_L = P_E^*(L)$。由于消费者对两家公司的偏好没有差别，在位者和质量为 L 的进入者的市场份额无法确定。

2. 如果 $q = H$，那么唯一的静态均衡价格为 $P_I^*(H) = c_L$，$P_E^*(H) = U_H - U_L + c_L$。质量为 H 的进入者进入并且赢得整个市场。

二、不完全信息

1. 分离均衡

在接下来的分析中，我们将只考虑纯策略均衡。Fudenberg 等(1991)提出的精炼贝叶斯均衡概念被用来决定纯策略均衡。在我们的静态博弈中，给定其他公司的均衡策略和消费者信念，如果每个公司的策略都使公司实现了利润最大化，那么本公司的价格策略和消费者信念 $\{P_I^*(q), P_E^*(q), b(P_I, P_E), q \in \{L, H\}\}$，消费者关于是否购买的策略，以及基于 (P_I, P_E) 这一条件来选择向哪家公司购买，这些内容构成了一个精炼贝叶斯均衡，均衡路径上的消费者信念与贝叶斯法则和公司的价格策略一致。

正式地，在不完全信息设定下的一个均衡的必要条件被总结如下：

在给定对手的均衡策略和消费者的反应下，每家公司设定价格以最大化其利润。

如果在位者无法观察到潜在进入者的质量（设定1），那么

$$P_I^* \in \arg\max \theta \pi_I^H(P_I, P_E^*(H)) + (1 - \theta) \pi_I^L(P_I, P_E^*(L))$$

$$P_E^*(L) \in \arg\max \pi_E^L(P_I^*, P_E(L))$$

$$P_E^*(H) \in \arg\max \pi_E^H(P_I^*, P_E(H))$$

如果在位者可以观察到潜在进入者的质量（设定2），那么

$$P_I^*(L) \in \arg\max \pi_I^L(P_I(L), P_E^*(L))$$

$$P_I^*(H) \in \arg\max \pi_I^H(P_I(H), P_E^*(H))$$

$$P_E^*(L) \in \arg\max \pi_E^L(P_I(L), P_E^*(L))$$

$$P_E^*(H) \in \arg\max \pi_E^H(P_I(H), P_E^*(H))$$

消费者在给定信念的情况下，最大化其期望效用。如果消费者不知情，那么他们向在位者购买、向潜在进入者购买和不购买的期望效用分别为 $V_L(P_I) = U_L - P_I$，$b(P_I, P_E)V_H(P_E) + (1 - b(P_I, P_E))V_L(P_E) =$

$U_b - P_E$[①] 和 0。如果消费者知情,那么他们向在位者购买、向低质量进入者购买、向高质量进入者购买和不购买的期望效用分别为 $V_L(P_I) = U_L - P_I$,$V_L(P_E) = U_L - P_E$,$V_H(P_E) = U_H - P_E$ 和 0。

消费者的信念在均衡路径上满足贝叶斯法则。在设定 1 中,只有进入者的价格可以影响消费者的信念。[②] 在均衡中,贝叶斯法则要求均衡路径上的消费者信念满足如下条件:

(1)如果 $P_E^*(H) \neq P_E^*(L)$,那么 $b(P_I^*, P_E^*(H)) = 1$ 和 $b(P_I^*, P_E^*(L)) = 0$。

(2)如果 $P_E^*(H) = P_E^*(L) = P_E^*$,那么 $b(P_I^*, P_E^*) = 0$。

但是,在设定 2 中,进入者的质量被假定为也可被在位者观察到。这一情形导致了共同信息的信号传递问题:至少一家公司的价格可以完全向不知情的消费者传递出进入者的真实质量。当 $(P_I^*(L), P_E^*(L)) \neq (P_I^*(H), P_E^*(H))$ 时,分离均衡出现。也就是说,如果 $P_I^*(H) \neq P_I^*(L)$ 或者 $P_E^*(H) \neq P_E^*(L)$,那么 $b(P_I^*(H), P_E^*(H)) = 1$ 和 $b(P_I^*(L), P_E^*(L)) = 0$ 成立。根据 Bagwell 等(1991)的有多个在位者的限制性定价模型,这一定义暗示了两种类型分离均衡:

一种类型的均衡里有 $P_I^*(H) \neq P_I^*(L)$,$P_E^*(H) \neq P_E^*(L)$,因此,消费者通过观察在位者或者进入者的价格来获知进入者的质量。另一种类型的均衡出现在 $P_I^*(H) = P_I^*(L)$,$P_E^*(H) \neq P_E^*(L)$ 或者 $P_I^*(H) \neq P_I^*(L)$,$P_E^*(H) = P_E^*(L)$ 时。在这种类型的均衡下,消费者通过观察其中一家公司的分离价格来获知进入者的质量。

在一个混同均衡中,有 $P_I^*(H) = P_I^*(L) = P_I^*$ 和 $P_E^*(H) = P_E^*(L) = P_E^*$,那么消费者还是停留在他们的事先信念,也即 $b(P_I^*, P_E^*) = \theta$。这一概念并没有为在非均衡路径上的价格组合的信念设置限制和约束。

2.设定 1 分析

Bagwell(1990)已经对所有消费者未知进入者的质量的情形进行了均衡分析,命题 2 呈现了他的结论。

命题 2 考虑不完全信息博弈,$\theta \in (0,1)$:

1.存在一个分离均衡,其中 L 可能进入,也可能不进入,H 的进入被阻

---

① $b(U_H - P_E) + (1-b)(U_L - P_E) = bU_H + (1-b)U_L - P_E = U_b - P_E$。

② 实际上,在位者和消费者拥有相同的信息,所以为了排除不可能的结果,必须要求在位者价格无法影响消费者的信念。这是精炼贝叶斯均衡的"没有信号传递你并不知道的内容"的条件:一个参与者的偏离不应该传递它自己并没有的信息(Fudenberg 等,1991)。这是 Kreps 等(1982)提出的序贯均衡的一致性要求所隐含的条件。

止，以及 $P_I^* = c_L, P_E^*(L) = c_L, P_E^*(H) = U_H - U_L + c_L$。均衡路径和非均衡路径上的信念如下：对于所有的 $P_I, b(P_I, P_E^*(H)) = 1, b(P_I, P_E^*(L)) = 0$；对于所有的 $P_E \neq P_E^*(H), b(P_I^*, P_E) = 0$。

2. 当且仅当 $U_\theta - c_H \geq U_L - c_L$①，混同均衡存在。

(1)如果在位者得到整个市场，这类均衡可以用如下式子表示：$P_I^* = c_L$，$P_E^* = P_E^*(H) = P_E^*(L) = U_\theta - U_L + c_L$。均衡和非均衡路径上的信念描述如下：对于所有的 $P_I, b(P_I, P_E^*) = \theta$；对于所有的 $P_E \neq P_E^*, b(P_I^*, P_E) = 0$。

(2)如果在位者失去整个市场，这类均衡可以用如下式子表示：$c_L \leq P_I^* \leq P_E^*, c_H \leq P_E^* \leq U_\theta - U_L + c_L, P_E^* = P_E^*(H) = P_E^*(L)$。均衡和非均衡路径上的信念如下：对于所有的 $P_I, b(P_I, P_E^*) = \theta$；对于所有的 $P_E \neq P_E^*, b(P_I^*, P_E) = 0$。

现在考虑设定 1。需要注意的是，我们的设定 1 与 Bagwell 的类似。唯一的区别是我们假设一些消费者已知进入者的质量，而且如果进入者出售高质量的产品，均衡中这些消费者总是向进入者购买。

在本书接下来的命题中，如果高质量或者低质量的潜在进入者在不完全信息下的利润低于其在完全信息下的利润，我们就认为信息产品差异是一种进入壁垒。相反地，如果在不完全信息下潜在进入者的利润高于其在完全信息下的利润，那么不完全信息就不会成为进入壁垒。

命题 3 考虑上面的不完全信息博弈，$\theta \in (0,1)$：

1. 存在一个分离均衡，其中 $P_I^* = c_L, P_E^*(L) = c_L, P_E^*(H) = U_H - U_L + c_L$。$L$ 可能选择进入，也可能选择不进入；H 仅能吸引知情的消费者。在完全信息条件下，H 会赢得整个市场，其在不完全信息下的利润会低于在完全信息下的利润。因此，信息产品差异是 H 的进入壁垒。均衡和非均衡路径的信念给定如下：对于所有的 $P_I, b(P_I, P_E^*(H)) = 1$，$b(P_I, P_E^*(L)) = 0$；当 $P_E < P_E^*(H)$ 时，$b(P_I^*, P_E) = 0$；当 $P_E > P_E^*(H)$ 时，$b(P_I^*, P_E) \in [0,1]$。

2. 如果 $U_\theta - c_H \geq U_L - c_L$，存在混同均衡。

(1)假设所有的消费者不知情以及在位者赢得整个市场，这一类均衡可以用如下的式子描述：$P_I^* = c_L, P_E^* = P_E^*(H) = P_E^*(L) = U_\theta - U_L + c_L$。而均衡路径与非均衡路径上的信念如下：对于所有的 $P_I, b(P_I, P_E^*) = \theta$；对于所有的 $P_E \neq P_E^*, b(P_I^*, P_E) = 0$。

---

① 如果 $U_\theta - c_H < U_L - c_L$，那么这个静态博弈中不存在混同均衡（Bagwell，1990）。

(2)如果知情消费者与不知情消费者的比值足够小,这一类均衡可以描述为:$c_L \leqslant P_I^* \leqslant P_E^*$,$c_H \leqslant P_E^* \leqslant U_\theta - U_L + c_L$ 和 $P_E^* = P_E^*(H) = P_E^*(L)$。当进入者出售高质量产品时,在位者失去整个市场;当进入者出售低质量产品时,在位者失去所有不知情的消费者。均衡路径与非均衡路径上的信念如下:对于所有的 P_I,$b(P_I^*, P_E^*) = \theta$,$b(P_I, P_E^*) = \theta$;对于所有的 $P_E \neq P_E^*$,$b(P_I^*, P_E) = 0$。

3.设定 2 分析

这一节探究设定 2,其中在位者已知进入者的质量,而一些消费者并不知道进入者的质量。在这一设定下,两家公司的价格都可以作为信号,传递给消费者有关进入者的实际质量的信息。在一个分离均衡中,至少一家公司的价格可以完全地告知消费者有关进入者的真实质量。也即,如果 $(P_I^*(H), P_E^*(H)) \neq (P_I^*(L), P_E^*(L))$,那么 $b(P_I^*(H), P_E^*(H)) = 1$ 和 $b(P_I^*(L), P_E^*(L)) = 0$ 成立。在均衡路径上,这些信念与贝叶斯法则一致。这一概念对于非均衡路径上的信念没有限制约束。

正如 Bagwell 和 Ramey(1991)的存在多个在位者的限制性定价模型中所阐述的,当存在共同信息时,搭竞争对手的信号的"便车"是一个普遍的问题。De Bijl(1997)同样讨论了,在一个搜寻商品模型中,当两家公司尝试传递共同信息时,进入者可以搭在位者信号的"便车"。这可能导致非理性均衡。在下面的例子中,我们将证明,一个均衡中两家公司的价格均分离并不理性,就是因为存在此类信息"搭便车"的现象。①

案例:对在位者信号传递采取"搭便车"行为。

考虑价格 $P_I^*(H) \neq P_I^*(L)$,$P_E^*(H) \neq P_E^*(L)$,$P_I^*(L) = P_E^*(L) = c_L$,$c_L < P_I^*(H) \leqslant c_H$,$U_L - P_I^*(H) = U_H - P_E^*(H)$。同时假设所有的消费者观察到价格组合 $(P_I^*(H), P_E^*(H))$ 后向进入者购买。我们声称,以上提出的这一价格策略不可能是一个精炼贝叶斯均衡。为了明白这一点,注意我们假设中当消费者观察到价格组合 $(P_I^*(H), P_E^*(H))$ 时,消费者更偏好 H 而不是在位者。因此,给定 H 的价格为 $P_E^*(H)$,如果 $P_I^*(H) > c_L$,在位者总是会有一个动机去降低其价格来赢得整个市场和获得利润。因为 $P_I^*(H) \neq P_I^*(L)$ 和 $P_I^*(H) < c_L$ 是劣势策略,$P_I^*(H) > c_L$ 在提出的均衡中必

---

① 在一个类似的产品垂直和水平差异化的模型中,我们发现了一个两家公司选择不同价格的均衡。此外,这是该设定中的唯一可以通过直观标准和无偏信念的均衡。

须成立。因而,当假设所有消费者在观察到价格组合$(P_I^*(H), P_E^*(H))$时向进入者购买时,以上提出的价格策略不能形成一个精炼贝叶斯均衡。

再次考虑上面提到的价格策略。也即,价格策略$P_I^*(H) \neq P_I^*(L)$,$P_E^*(H) \neq P_E^*(L)$,$P_I^*(L) = P_E^*(L) = c_L$,$c_L < P_I^*(H) \leqslant c_H$,$U_L - P_I^*(H) = U_H - P_E^*(H)$。但是当消费者观察到价格组合$(P_I^*(H), P_E^*(H))$时,假设所有不知情的消费者向在位者购买,而所有知情消费者向进入者H购买。均衡路径上的信念是理性的,$b(P_I^*(H), P_E^*(H)) = 1$和$b(P_I^*(L), P_E^*(L)) = 0$。然后,我们证明了,当知情消费者的比例足够小时,上面提出的价格策略可以成为一个具有非理性信念的均衡。

给定下文分析中的信念,我们首先检验进入者H不会偏离。给定在位者的均衡价格$P_I^*(H)$,任何高于$P_E^*(H)$的价格偏离都会使得H失去所有知情的和不知情的消费者,因此这样的偏离是不可取的。如果我们利用非均衡路径上价格信念的随意性,并且假定如果$c_H \leqslant P_E < P_E^*(H)$,则$b(P_I^*(H), P_E) = 0$,任何低于$P_E^*(H)$的价格偏离都会使得$H$无利可图。[①] 换句话说,如果$H$降低它的价格,不知情的消费者就认为进入者出售低质量产品。在这个信念下,若$P_I^*(H) \leqslant c_H$,$U_L - P_E \leqslant U_L - P_I^*(H)$,则所有不知情的消费者都不会向$H$购买。[②] 尽管所有知情消费者依然向$H$购买,来自知情消费者的利润率损失使得$H$的境况变差。因此,$H$不会偏离其均衡价格。接下来,我们证明$L$同样没有动机偏离其均衡价格。给定$P_I^*(L) = c_L$,如果我们选择非均衡路径的极端信念,即对于所有的$P_E$,$b(P_I^*(L), P_E) = 0$,则对于$L$而言,不存在有利可图的偏离,这是因为$P_E^*(L) = c_L$是$L$对$P_I^*(L) = c_L$的最优反应。现在我们来分析在位者。如果进入者是$L$,$P_E^*(L) = c_L$,且对于所有的$P_I$,消费者的信念是$b(P_I, P_E^*(L)) = 0$,由于$P_I^*(L) = c_L$是在位者对于$P_E^*(L) = c_L$的最优价格策略,在位者没有可获利的偏离;如果进入者是H,给定$P_E^*(H)$和消费者信念,即当$P_I > P_I^*(L)$时,$b(P_I, P_E^*(H)) = 1$,而当$P_I = P_I^*(L)$时,$b(P_I, P_E^*(H)) = 0$,在位者同样无法做出一个有利可图的偏离。这是因为,如果$P_I > P_I^*(H)$,所有的知情和不知情的消费者都不会向在位者购买;而如果在位者偏离到价格P_I,其中$P_I^*(L) < P_I < P_I^*(H)$,那么在位者可以通过赢得所有知情消费者而增加利润,但这同时也减少了在位者从不知情消费者身上获得的利润

---

① 任何低于c_H的价格都是劣势策略,因此H绝对不会偏离到这些价格。

② 否则,H可能通过模仿低质量的进入者,将其价格偏离到P_E而获利,并赢得所有不知情消费者,注意这里$P_E \in (c_H, P_I^*(H))$。

率。因此,如果知情消费者的比例很小,特别地,如果所有的消费者都不知情,前一种效应就会被后一种效应支配;在位者不会将其价格降低到 P_I,其中 $P_I^*(L)<P_I<P_I^*(H)$。最后,如果在位者选择偏离到 $P_I=P_I^*(L)$,就会使不知情的消费者相信进入者出售低质量产品,所有知情和不知情的消费者都会向在位者购买,但是在位者获得零利润。因此,我们已经证实,在给定消费者信念下,没有公司可以通过偏离他们的均衡策略而变得更好。据此,我们可以得出一个结论:当知情消费者的比例足够小时,价格策略 $P_I^*(H)\neq P_I^*(L)$,$P_E^*(H)\neq P_E^*(L)$,$P_I^*(L)=P_E^*(L)=c_L,c_L<P_I^*(H)\leqslant c_H,P_E^*(H)=U_H-U_L+P_I^*(H)$ 组成了一个均衡。均衡路径和非均衡路径的信念构成如下:对于 $P_E<P_E^*(H)$,$b(P_I^*(H),P_E)=0$;对于 $P_E\geqslant P_E^*(H)$,$b(P_I^*(H),P_E)=1$;对于所有 P_E,$b(P_I^*(L),P_E)=0$;对于所有 P_I,$b(P_I,P_E^*(L))=0$;对于 $P_I>P_I^*(L)$,$b(P_I,P_E^*(H))=1$。此均衡中,当进入者出售高质量产品时,在位者可以赢得所有的不知情消费者并获利。因此,一个可能的结论是:拥有更多的信息可以使在位者的境况变得更好。

然而,支持上述均衡的信念是有问题的。回顾我们的假设,进入者和消费者均知道在位者知道进入者的实际质量是大家都知道的事。基于 Bagwell 等(1991)的研究,在一个两家公司均采取分离价格的均衡中,消费者可以通过观察任一公司(在位者或进入者)的价格来获知进入者的质量。由于 $P_I^*(H)\neq P_I^*(L)$,如果进入者偏离均衡价格策略,在位者的价格依然可以作为进入者的质量传递信号。因此,图 2-1 所示的价格组合 $b(P_I^*(H),P_E)$ 应使消费者推断出进入者出售高质量的产品,也即 $b(P_I^*(H),P_E)=1$。这里的关键点是消费者观察到价格组合 $(P_I^*(H),P_E)$ 后理性信念假设或者是进入者是 H 和单一偏离发生,也或者是进入者是 L 和两个偏离发生。给定消费者偏好要求最少数值的偏离的理性信念,那么价格组合 $(P_I^*(H),P_E)$ 必须与进入者出售高质量产品的信念联系在一起。根据这一解释,进入者可以搭在位者的信号的"便车",并且可以通过降低价格来得到一个有利可图的偏离。也即,如果 H 偏离到一个价格 $P_E<P_E^*(H)$,持有进入者是 H 的信念的不知情消费者,由于 $U_L-P_I^*(H)<U_H-P_E$,将偏好向进入者购买。[①] 虽然由于利润率下降,H 在知情消费者身上蒙受损失,但它从不知情消费者身上获利。进一步地,由于知情消费者的比例很小,前一种效应被后一种效应所支配。因此,通过稍微降低其价格,进入者 H 可以赢得整个

---

① 注意在提出的均衡中,$U_L-P_I^*(H)<U_H-P_E^*(H)$。

市场且获得利润。如此表明了上文提出的均衡不能够成立。

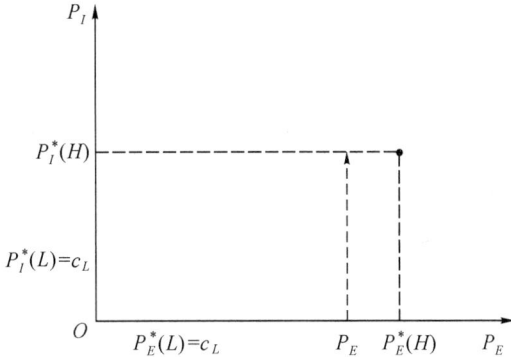

图 2-1　一个分离均衡

以上案例表明，当涉及信号传递共同信息时，支持唯一的精炼贝叶斯均衡可能需要进一步的细则。Bagwell 和 Ramey(1991)在一个寡头垄断限制性定价模型中制订一个信念的标准。在他们的模型中，两个在位者拥有潜在进入者无法观察到的关于生产成本的信息。[①] De Bijl(1997)在一个搜寻商品模型中制订了一个等同的标准，其中知情在位者和进入者向消费者传递进入者的质量。在本章的其余部分，我们采用了他们的信念约束标准，即在精炼贝叶斯均衡中，信念必须满足他们对于共同信息信号传递博弈的标准。但是，他们的定义必须适应我们的框架。

定义：考虑一个均衡 $P_I^*(q)$ 和 $P_E^*(q)$，$q\in\{L,H\}$。设定 (P_I,P_E) 为非均衡路径上的价格组合。

1. 如果 $P_I\in[c_L,U_L]$，$P_E\in[c_L,U_L]$，且存在一个 $P_I=P_I^*(L)$ 或者 P_E

---

① 假设 (P_I,P_E) 是非均衡的价格组合，$(P_I,P_E)\neq(P_I^*(q),P_E^*(q))$，其中 $q\in\{L,H\}$。如果进入者的类型是 q，把 $N(q)$ 定义为能产生 (P_I,P_E) 的偏离数值。因此，如果存在 $P_I=P_I^*(q)$ 或 $P_E=P_E^*(q)$，则 $N(q)=1$；如果 $P_I\neq P_I^*(q)$ 或 $P_E\neq P_E^*(q)$，则 $N(q)=2$。这种情形下，对于任何非均衡价格组合 (P_I,P_E)，信念是无偏的：当且仅当 $N(H)<N(L)$ 或 $N(H)>N(L)$ 时，$b(P_I,P_E)=1(0)$；当 $N(H)=N(L)$ 时，$b(P_I,P_E)\in(0,1)$（消费者不应该在信念上有偏，也即认为任何偏离远比其他的可能性更大）。这一信念约束有两个作用。首先，这里暗含一个极小法则，即要求消费者相信进入者具有的类型能够以最小的数值理性化偏离价格。其次，当被要求合理化一个偏离价格组合的偏离数值与所对应的任一类型进入者相同时，即 $N(H)=N(L)$ 时，这里还暗含着进一步的限制。这一情景下，消费者被要求需要具有开放思想，也即不相信任一质量是确定的，$b(P_I,P_E)\in(0,1)$（Bagwell 等，1991）。无偏序贯均衡：一个精炼贝叶斯均衡，其在非均衡路径上的信念是无偏的。

$=P_E^*(L)$,那么 $b(P_I,P_E)=0$。[1]

2. 如果 $P_I\in[c_L,U_L]$,$P_E\in[c_H,U_H]$,且存在一个 $P_I=P_I^*(L)$ 或者 $P_E=P_E^*(H)$,那么 $b(P_I,P_E)=1$。

3. 如果 $P_I=P_I^*(L)$,$P_E=P_E^*(H)$,那么 $b(P_I^*(L),P_E^*(H))\in(0,1)$;如果 $P_I=P_I^*(H)$,$P_E=P_E^*(L)$,那么 $b(P_I^*(H),P_E^*(L))\in(0,1)$。

这个定义明确考虑了我们设定中的共同信息信号传递的特性。这个精炼在上文例子里直接应用,将会得出消费者观察到均衡价格 $P_I^*(H)$ 和偏离价格 P_E 后的信念为 $b(P_I^*(H),P_E)=1$。当非均衡路径上消费者具有这样的信念时,上面例子中提到的均衡将被排除。

接下来,我们考虑完全信息均衡结果,$P_I^*(L)=c_L=P_E^*(L)$;$P_I^*(H)=c_L$,$P_E^*(H)=U_H-U_L+c_L$,L 可能进入也可能不进入,而 H 进入并且赢得整个市场。在两家公司传递关于进入者质量的共同信息的情景下,我们发现这一均衡结果无法得到。这是因为在位者采取混同策略,而由于均衡中的 $P_E^*(H)\neq P_E^*(L)$,分离均衡出现。因此,对进入者而言,信息"搭便车"是不可能的;因此,无偏信念无效。换句话说,进入者无法利用在位者的均衡策略。假设,在观察到 $P_E^*(H)=U_H-U_L+c_L$ 后,所有的知情消费者会向 H 购买。但是所有不知情的消费者不知道进入者的质量。如果观察到 $P_E^*(H)=U_H-U_L+c_L$,$P_I^*(H)=c_L$,不知情的消费者相信在位者的质量是 H,并且向其购买。由于 $P_I^*(L)=c_L=P_I^*(H)$,并且在位者的价格无法揭示任何有关进入者质量的信息,这容易使 L 模仿。由于这么做可以在一个高于边际成本的价位上赢得不知情的消费者,并且获得正的利润,L 将总是选择模仿。实际上,只要 H 能在一个高于 c_H 的价格上吸引所有不知情的消费者,L 选择模仿总是可取的。因此,H 仅仅可以赢得所有知情消费者,我们无法获得完全信息下的均衡结果,其中 H 赢得整个市场。

命题 4 考虑不完全信息博弈,$\theta\in(0,1)$,存在着两个分离均衡:

---

[1] 注意,最基本的均衡精炼要求信念不应该在劣势均衡上施加权重。因为低于边际成本的价格是一个劣势策略,低于高质量的单位制造成本的价格将被认为是低质量信号。同样,生产高质量产品的公司不会偏离到价格高于消费者对高质量产品的保留价格,这是因为消费者预期的购买剩余为负,从而选择不购买。但是,生产低质量产品的公司的定价高于消费者对于低质量产品的保留价格,这是因为消费者不确定潜在进入者的产品质量,因此低质量的进入者可以假装自己是高质量。因此,在我们的静态博弈中,以下范围限制适用:$P_I\in[c_L,U_L]$,$P_E(L)\in[c_L,U_H]$,$P_E\in[c_H,U_H]$。

1. 存在着一个分离均衡,在此均衡中在位者的价格没有提供关于进入者质量的信息,$P_I^*(H)=P_I^*(L)=c_L$,$P_E^*(L)=c_L$,$P_E^*(H)=U_H-U_L+c_L$。L 可能吸引也可能无法吸引不知情的消费者且利润为零,H 拥有所有知情的消费者但所有不知情的消费者不会向 H 购买。均衡中,H 的利润处在低于完全信息均衡下的利润水平。因此,不完全信息对 H 而言是一种进入壁垒,均衡和非均衡路径上的信念给定如下:对于所有的 P_I,$b(P_I,P_E^*(H))=1$,$b(P_I,P_E^*(L))=0$;当 $P_E<P_E^*(H)$ 时,$b(P_I^*,P_E)=0$;当 $P_E>P_E^*(H)$ 时,$b(P_I^*,P_E)\in[0,1]$。

2. 存在着一个分离均衡,其中 $P_I^*(L)=U_H-U_L+c_L$,$P_I^*(H)=c_L$,$P_E^*(H)=P_E^*(L)=U_H-U_L+c_L$,知情消费者比例足够小。如果进入者是 H,那么它会赢得整个市场;如果进入者是 L,那么它会吸引所有不知情的消费者,但会失去所有知情消费者,这些知情消费者会向在位者购买。均衡中,H 的利润与完全信息条件下的利润水平相同,而 L 的利润高于完全信息下的利润水平。因此,不完全信息不会使 H 的进入受阻。相反,不完全信息使得 L 的进入变得容易。均衡和非均衡路径的信念规定如下:对于所有的 P_E,$b(P_I^*(L),P_E)=0$;当 $P_E\geqslant c_H$ 时,$b(P_I^*(H),P_E)=1$;当 $P_E<c_H$ 时,$b(P_I^*(H),P_E)=0$;当 $P_I<P_I^*(L)$ 时,$b(P_I,P_E^*)=1$;当 $P_I\geqslant P_I^*(L)$ 时,$b(P_I,P_E^*)=0$。

在一个混同均衡中,$P_I^*=P_I^*(H)=P_I^*(L)$,$P_E^*=P_E^*(H)=P_E^*(L)$。根据贝叶斯法则,在位者和进入者的价格均没有涵盖关于进入者质量类型的信息,那么消费者仍然持有他们的先验信念,也即 $b(P_I^*(H),P_E^*(H))=b(P_I^*(L),P_E^*(L))=\theta$。注意,在我们的静态博弈中,由于 $P_E<c_H$ 对 H 而言是劣势策略,因此必须满足 $P_E^*\geqslant c_H$。

命题 5　考虑不完全信息博弈,$\theta\in(0,1)$,当且仅当 $U_\theta-c_H\geqslant U_L-c_L$ 时,存在混同均衡:

1. 假设所有的消费者不知情,以及在位者赢得整个市场。这类均衡可描述为 $P_I^*=c_L$,$P_E^*=P_E^*(H)=P_E^*(L)=U_\theta-U_L+c_L$。信念规定如下:对于所有的 P_I,$b(P_I,P_E^*(H))=b(P_I,P_E^*(L))=b(P_I,P_E^*)=\theta$;对于所有的 $P_E\neq P_E^*$,$b(P_I^*,P_E)=0$。

2. 假设所有的消费者不知情,以及在位者赢得整个市场。这类均衡可描述为 $P_I^*=P_I^*(H)=P_I^*(L)=c_L$,$P_E^*=P_E^*(H)=P_E^*(L)=U_H-U_L+c_L$。消费者在均衡和非均衡路径上的信念规定如下:$b(P_I^*,P_E^*)=\theta$;对于

所有的 $P_I > c_L$，$b(P_I, P_E^*) = 1$；对于所有的 $P_E < P_E^*$，$b(P_I^*, P_E) = 0$；对于所有的 $P_E \geq P_E^*$，$b(P_I^*, P_E) \leq \theta$。

3. 如果知情消费者与不知情消费者的比例非常小，以及如果进入者是 H，那么在位者会失去所有知情消费者和不知情消费者；但是如果进入者是 L，那么在位者会赢得所有知情消费者。这一类型的均衡可描述为 $c_L \leq P_I^*$ $\leq P_E^*$，$c_H < P_E^* \leq U_\theta - U_L + c_L$，其中 $P_I^* = P_I^*(H) = P_I^*(L)$ 和 $P_E^* = P_E^*(H)$ $= P_E^*(L)$。在均衡和非均衡路径上的信念给定如下：$b(P_I^*, P_E^*) = \theta$；对于所有的 P_I，$b(P_I, P_E^*) = \theta$；对于所有的 $P_E \neq P_E^*$，$b(P_I^*, P_E) = 0$。

注意，混同均衡存在的前提条件是 $U_\theta = c_H \geq U_L - c_L$。换句话说，一个混同策略中进入者的产品必须带来比在位者的产品更高的期望效用。否则，不知情的消费者不会向进入者购买。这就等价于要求 $U_\theta - U_L + c_L \geq$ c_H。这一要求的理由是，进入者无法令人信服地将其混同价格定在低于 c_H 的水平，此价格是 H 劣势策略。同时，在位者会降低价格至 c_L 以赢得市场。因此，进入者可以获得的溢价是 $U_\theta - U_L$。[①] 所以，当且仅当 $U_\theta - U_L +$ $c_L \geq c_H$ 成立时，混同均衡存在。

三、两种设定的比较分析

通过比较设定 1 和设定 2，我们可以评估在位者是否是因为知道进入者的质量而获益（且进入者和消费者均知道在位者是知情的）。如果考虑分离均衡，那么当知情消费者与不知情消费者的比值很小时，设定 2 中就存在一个额外的均衡。在此均衡中，如果进入者出售高质量产品，它就会赢得所有的消费者；如果进入者出售低质量的产品，它依然会赢得所有不知情的消费者，但所有知情消费者都会向在位者购买。无论进入者的产品质量是高还是低，它都会选择进入市场并且获利。由于在设定 1 的均衡中，高质量的进入者无法吸引不知情的消费者，知情的在位者可能有利于高质量的进入者的进入。此外，在此均衡中，当进入者出售低质量的产品时，在位者和进入者都可以获得利润。如果进入者出售高质量的产品，进入者会获益而在位者的境况并不会恶化。在设定 2 中，还多出一个没有进入的混同均衡。这是由于非均衡路径上的信念选择的自由化程度很大。这一分析结果暗示着，当存在一些知晓进入者质量的消费者时，在位者可

---

① 消费者是风险中性的。

能会因为观察到进入者质量而获益。① 更进一步地,无论进入者是高质量还是低质量,其境况都将得到改善。这背后的逻辑推理过程是,进入者知道在位者可以观察到自己的类型,还知道消费者也意识到这一点,因此进入者让消费者相信自己是高质量的困难度降低了。当在位者采取分离的均衡价格时,消费者会依赖在位者的均衡价格来推断进入者的质量。这是隐含在共同信息信号传递下的均衡概念中的。

第四节　小　结

本章我们通过假设在位者和一些消费者知道进入者的质量,扩展了 Bagwell(1990)的静态模型。在 Bagwell 设定的情境下,在位者和消费者均不知进入者的质量。在在位者了解进入者的质量的情景下,两家公司即在位者和进入者,传递关于进入者的无法被观测的质量的共同信息给不知情的消费者。我们发现,当一些消费者知情时,Bagwell(1990)提出的分离均衡依然存在,所不同的是高质量产品的进入者赢得了所有知情消费者。进入者的高价格传递出其高质量。然而,进入壁垒依然存在。这是因为在完全信息下高质量还可以产生更高的剩余,从而高质量进入者可以吸引所有消费者。因此,不完全信息下的利润低于完全信息下的利润水平。对于混同均衡,一些知情消费者的存在排除了 Bagwell(1990)的研究中的一个在位者获得了整个市场或所有不知情消费者的混同均衡。排除这一混同均衡的理由是,为了赢得整个市场,低质量在位者不得不将其价格降低到等于其边际成本。然而,我们假设高质量相较于低质量会产生更高的剩余,这暗示着通过设定一个稍微高于边际成本的价格,高质量进入者至少可以吸引所有知情的消费者。同时,注意此混同均衡中,进入者设定了一个更高的价格,但是在位者设定的价格等于其边际成本。也即如果进入者的质量是 L,在位者可以提高价格使其处于进入者的混同价格之下,因此可吸引所有知情的消费者并且获利。更进一步地,当知情的消费者占比足够小时,唯一的混同均衡存在。在这个唯一的混同均衡中,当进入者是低质量时,在位者依然会拥有所有知情的消费者;当进入者是高质量时,在位

---

① 隐含地,我们假设在位者无法购买进入者的产品,以及消费者与在位者沟通。一般的猜测是,如果在位者知道进入者的质量类型,进入者的境况将恶化(Bagwell,1990)。

者会失去所有知情和不知情的消费者。这与 Bagwell(1990)的结论不同。存在这唯一混同均衡的理由是，一个更高的偏离价格对于高质量进入者而言有两个部分的影响：一方面，偏离价格减少了高质量进入者从不知情消费者身上获取的利润；另一方面，较高的利润率会提高高质量进入者从知情消费者身上获得的利润。如果知情消费者与不知情消费者的比例足够小，那么高质量进入者会失去偏离其均衡策略的动机。当低质量进入者将其价格定在低于其均衡价格时，这一逻辑同样适用。尽管它从知情消费者身上获利，但是会在不知情消费者身上蒙受损失。在此混同均衡中，由于在位者的均衡价格低于低质量进入者的均衡价格，知情消费者会向在位者购买。

在在位者知情的情景下，当知情消费者的占比足够小时，我们还得到一个额外的分离均衡。在此均衡中，当进入者的质量相对而言更低时，在位者设定一个更高的价格；当进入者的质量相对更高时，在位者会设定一个更低的价格。令人惊讶的是，不完全信息有利于进入，原因在于无论进入者是高质量的，还是低质量的，它在不完全信息下都会获得一个相较于完全信息下更高的利润。这一结果表明，在位者的高价格传递出进入者的低质量，而在位者的低价格传递出进入者的高质量。此均衡的基本原理是，进入者可以利用在位者知道关于进入者质量的信息这一点。此外，如果所有的消费者都是不知情的，那么还有一个额外的混同均衡。在此均衡中，进入者设定一个更高的混同价格，并且收取溢价就好像进入者是高质量的。这与我们之前的只有进入者知道自己质量的情况相反。这一额外的混同均衡源于，在位者知情的情况下非均衡路径上信念的定义的自由度更大。

第二章附录

命题 1 证明

证明 1 很简单，因此省略。

证明 2 首先，我们证明，没有公司会偏离其均衡价格。给定 $P_I^*(H)=c_L$，那么对 H 而言最佳回应是 $P_E^*(H)=U_H-U_L+c_L$。虽然 H 依然拥有整个市场，但利润率的损失使得任何一个低于 $P_E^*(H)=U_H-U_L+c_L$ 的价格偏离都无利可图。同样，由于 H 最终会失去所有消费者，消费者向在位者购买,利润为零,任何一个高于 $P_E^*(H)=U_H-U_L+c_L$ 的价格偏离都无吸引力。现在,我们转向检验在位者。给定 $P_E^*(H)=U_H-U_L+c_L$,如果在位者的定价高于 $P_I^*(H)=c_L$,则没有消费者会向其购买。而任何低于 $P_I^*(H)=c_L$ 的价格都是在位者的劣势策略,会使其境况恶化。在那样的价格上,如果在位者拥有整个市场,它会有负的利润,因此,在位者也没有动机偏离 $P_I^*(H)=c_L$。因此,上面提议的价格构成一个均衡。

下面,我们证明均衡价格 $P_I^*(H)=c_L$ 和 $P_E^*(H)=U_H-U_L+c_L$ 是唯一的。注意,假设 $U_H-c_H>U_L-c_L>0$ 暗含着 $U_H-U_L+c_L>c_H$。因此,如果在位者设定一个跟 $P_I^*(H)=c_L$ 一样低的价格来挽救市场,那么 H 可以稍微地从 $P_E^*(H)=U_H-U_L+c_L$ 上降低其价格来赢得整个市场,并且由于 $U_H-U_L+c_L>c_H$,因此 H 依然获得正利润。

命题 2 证明

这一命题只是重新呈现了 Bagwell(1990)的结论,因此对其的证明省略。

命题 3 证明

证明 1 注意,在均衡价格下,消费者对于在位者和进入者的效用偏好总是相同的,但是我们可以要求,如果进入者出售高质量产品,那么所有知情消费者向其购买。也即,当所有不知情的消费者对于在位者和 H 的效用偏好相同时,他们会向在位者购买。这些策略和信念构成了一个均衡。现在,我们将证明,给定均衡和非均衡路径上的信念,没有公司有动机去选择偏离。

首先证明进入者没有动机选择偏离。给定 $P_I^*=c_L$,进入者出售高质量产品,任何一个偏离价格 P_E(其中 $P_E>U_H-U_L+c_L$),使得所有消费者相信进入者出售高质量产品。但是这样一个高价将使消费者向 H 购买的期望效用低于向在位者购买所获得的期望效用。H 无法出售其产品。所以此类偏离是不合意的。如果 H 偏离其价格,使得 $c_H \leq P_E<U_H-U_L+c_L$,那么所有不知情消费者都会相信进入者出售一个低质量产品并且不会以此价格向 H 购买。对于知情消费者而言,他们依然会向 H 购买。但是,因为 H 无法用一个较低的价格吸引所有不知情的消费者,同时又在知情消费者上蒙受了利润率的损失,这并不是有利可图的偏离。因此,这一偏离使得 H 的境况变差,H 将偏好均衡价格。现在,我们转向 L。假设 L 通过设定其价格为 $P_E^*(H)=U_H-U_L+c_L$ 来模仿 H,那么所有不知情消费者以

为 L 是高质量的,但是他们不会向其购买。这是因为我们已经假设,当不知情的消费者对于向在位者或进入者购买没有偏好时,他们会选择向在位者购买。对知情消费者而言,他们知道进入者实际上出售的是低质量产品,因此绝不会向 L 购买。所以 L 获得零利润,这一偏离无法使其境况改善。同样,另一种偏离价格 $c_L < P_E < P_E^*(H) = U_H - U_L + c_L$ 也没吸引力,原因在于此价格会使得所有不知情消费者推断进入者是 L,并且不会向其购买。同样在这个价格下,由于知情消费者向在位者购买时会获得更多的消费者剩余,因此这些消费者也不会向 L 购买。任何一个偏离价格 $P_E > U_H - U_L + c_L$ 也都是无利可图的。在这样一个高价下,不知情的消费者会以为进入者出售高质量产品。但是,由于向在位者购买可获得更多的消费者剩余,因此所有知情和不知情的消费者都不会向 L 购买。

下面将证明在位者也不存在有利可图的偏离。注意,任何低于 $P_I^* = c_L$ 的价格都是在位者的劣势策略,因此在位者不会定低于 $P_I^* = c_L$ 的价格。如果在位者制订一个高于 $P_I^* = c_L$ 的价格,它的境况也无法改善。如果进入者是 L,这样一个偏离将帮助进入者在均衡价格 $P_E^*(L) = c_L$ 上获得整个市场。如果进入者是 H,那么 H 会以价格 $P_E^*(H) = U_H - U_L + c_L$ 赢得所有知情与不知情的消费者。因为向 H 购买的消费者剩余更高,所以所有知情消费者向进入者购买。对于所有不知情的消费者,他们通过进入者的均衡价格,推断进入者出售高质量产品,因此会期望向 H 购买有更高的剩余。因此,这样的偏离也是不可取的。所以,在位者也没有动机偏离其均衡价格。

我们现在检验,这一均衡是否满足直观标准(Cho 等,1987)。任何价格 $P_E \in [c_L, c_H)$ 都是 H 而非 L 的均衡劣势策略。因此,当观察到 $P_E \in [c_L, c_H)$ 和 P_I^* 时,不知情消费者应当相信进入者出售低质量产品。这与上文给定的信念一致,也即对于 $P_E < P_E^*(H)$,$b(P_I^*, P_E) = 0$。因此,这一均衡满足直观标准。

最后,我们证明上面提出的均衡是该类型唯一的均衡。首先证明,$P_I^* = P_E^*(L) = c_L$ 是分离均衡的必需条件,且观察到 $P_I^* \neq P_E^*(L)$ 是不可能的。如果 $P_I^* < P_E^*(L)$,且 $P_I^* > c_L$,那么 L 会降低价格;如果 $P_I^* \neq c_L$,则在位者会稍微提高其价格(至少当进入者是 L 时获利)。其他情形下,如果 $P_I^* = P_E^*(L)$,给定 $P_E^*(L) < U_L$,进入者将会提高其价格;如果 $P_E^*(L) = U_L$,则在位者会削减至低于 L 的价格。因此 $P_I^* = P_E^*(L)$ 必须成立。为了证明 $P_I^* = P_E^*(L) = c_L$,假设 $P_I^* > c_L$,那么 L 会削减价格至低于 P_I^* 的价格,这反过来使得在位者有动机偏离。同样,如果 $P_E^*(L) > c_L$,则在位者会削减价格使其低于 $P_E^*(L)$,这反过来给了 L 偏离的动机。其次,我们证明,当 H 无法出售任何商品给不知情消费者时,分离均衡出现。注意,任何价格 $P_E(H) < c_L$ 都是 H 的劣势策略。但是当 H 选择分离和赢得整个市场时,L 的不模仿约束条件要求 H 在均衡中定价低于 c_L,也即 $P_E^*(H) < c_L < c_H$。因此,$P_E^*(H) \geq c_H$,且 H 赢得整个市场的均衡不可能出现。由于在均衡中所有不知情消费者会向在位者购买,消费者效用最大化要求 $U_L - P_I^* \geq U_H - P_E^*(H)$,也即 $P_E^*(H) \geq U_H - U_L + P_I^*$。为了确保在位者没有动机偏离 $P_I^* = c_L$(提高价格),且所有知情消费者向 H 购买,等式 $P_E^*(H) = U_H - U_L + c_L$ 必须成立。

证明 2(1)中的混同均衡的类型与 Bagwell 的一致,因此证明省略。

我们现在证明(2)中的一类混同均衡。首先证明,在给定对手均衡价格策略和消费者信念的情况下,没有公司有动机偏离其均衡价格。给定 $c_L \leq P_I^* \leq P_E^*$,首先证明 H 不会偏离。任何低于 c_H 的价格对 H 而言都是劣势策略。在所构建的信念框架中,任何不同于 P_E^* 的价格都将使不知情消费者认为进入者是低质量的。因此,如果 $P_E > U_\theta - U_L + c_L$,则消费者向 H 购买的期望效用为 $U_L - P_E$,而向在位者购买的期望效用为 $U_L - P_I^*$。由于 $P_E > P_E^* \geq P_I^*$,那么 $U_L - P_E < U_L - P_I^*$ 成立。换句话说,不知情的消费者向在位者购买获得的期望效用高于向进入者购买获得的期望效用。因此,所有不知情的消费者都不会向 H 购买。注意,在均衡中,H 从在位者手上赢得整个市场。考虑到不知情的消费者,这样的偏离会使得 H 失去 $(P_E^* - c_H) \dfrac{1}{1+x}$ 的利润。同时,考虑到知情消费者,这样的偏离使得 H 获利。那么最佳可能的偏离价格是 $P_E = U_H - U_L + c_L$,相应的收益为 $(U_H - U_L + c_L - P_E^*) \dfrac{x}{1+x}$。如果知情消费者与不知情消费者之间的比值足够小,那么这种损失就会超过收益。所以当知情消费者与不知情消费者之间的比值足够小时,H 不会偏离。下面,我们考虑 L。当 L 偏离到价格 $c_L \leq P_E < c_H$ 时,不知情消费者相信它出售低质量产品。如果 $P_E > P_I^*$,那么所有知情和不知情的消费者都不会向 L 购买,L 蒙受损失;如果 $c_L \leq P_E < P_I^*$,那么所有知情和不知情的消费者都会向 L 购买。由于均衡中当进入者出售低质量产品时,在位者拥有所有知情消费者,L 在知情消费者身上获得 $(P_E - c_L) \dfrac{x}{1+x}$。同时,更低的利润率使 L 在不知情消费者身上损失

$(P_E^* - P_E)\dfrac{1}{1+x}$。由于知情与不知情消费者之间的比值足够小,获利将不足以补偿损失。因此,这样的偏离是无利可图的。当 L 偏离到价格 $P_E > U_\theta - U_L + c_L$ 时,L 会失去所有知情与不知情的消费者,获得零利润;但是均衡中由于所有不知情的消费者都会以价格 P_E^* 向 L 购买,因此它获得一个正利润。由此,我们得出结论,当知情消费者与不知情消费者的比值很小时,L 也不会偏离。最后,我们证明在位者没有动机偏离。注意,任何偏离价格 $P_I \neq P_I^*$ 对于消费者关于进入者类型的信念没有影响。低于 c_L 的价格对在位者而言是劣势策略。如果 $P_I > P_E^*$,不知情的消费者会期望 $U_\theta - P_E^* > U_L - P_I$,且无论进入者的质量如何都会向进入者购买。如果消费者已知质量信息,他们将认为,当进入者是 L 时,$U_L - P_E^* > U_L - P_I$;当进入者是 H 时,$U_H - P_E^* > U_L - P_I$。因此,所有知情消费者也都不会向在位者购买。因此,在位者在这样的偏离价格下获得零利润。但是如果在位者定价为 P_I^*,当进入者是 H 时,它获得零利润;当进入者是 L 时,它获得非负的利润。因此,在位者也不会偏离。这一均衡也满足直观标准。对于任一类型的进入者,给定在位者的均衡价格策略,不存在这样的价格:是一个类型的劣势策略,而不是另一个类型的劣势策略。因此,被直观标准要求的非均衡路径上的信念约束对其没有影响。因此,我们认为,这个均衡满足直观标准。

其次,我们证明这些是在位者无法禁止进入者将产品出售给不知情消费者的所有混同均衡。首先注意 $P_I^* \geqslant c_L$。其次注意混同均衡的存在同样要求 $P_E^* \geqslant c_H$。然后,我们证明 $P_I^* \leqslant P_E^*$ 是一个必要条件。假设 $P_I^* > P_E^*$,不管消费者信念如何,L 都会有动机提价,赢得整个市场并且增加其利润。最后,我们证明 $P_E^* > U_\theta - U_L + c_L$ 是不可能的。如果 $P_E^* > U_\theta - U_L + c_L$ 成立,并且进入者出售高质量产品,那么进入者会失去所有不知情消费者,但如果 $P_E^* \leqslant U_H - U_L + c_L$,进入者依然可能赢得所有知情消费者。但不知情消费者的数量远远多于知情消费者,这对 H 而言是不利的。如果 $P_E^* > U_\theta - U_L + c_L$,且进入者出售低质量产品,那么进入者将失去所有知情与不知情的消费者,其境况恶化。同时,在位者可通过将价格定在 $c_L + \varepsilon < P_E^*$(其中 ε 是一个非常小的数值),赢得所有消费者。因此,$P_E^* \leqslant U_\theta - U_L + c_L$ 是阻止在位者吸引不知情消费者并且获得有利偏离的必要条件。

命题 4 证明

注意,这里的第一个分离均衡与我们之前假设在在位者并不知道进入者质量的设定里得到的一样。此均衡中，不管进入者的质量是高还是低，在位者都设定相同的价格。因此，在位者价格无法向消费者揭示任何有关进入人者质量类型的信息。

证明 1 与命题 3 的证明一样，因此省略。

证明 2 首先，我们验证没有公司有动机偏离。如果进入者是 L 以及消费者对这两家公司没有偏好，假定所有知情消费者向在位者购买，所有不知情的消费者向进入者购买。但是，如果进入者是 H，消费者对于 H 和在位者没有偏好，那么所有消费者都会向 H 购买。我们现在证明，H 没有动机偏离。给定 $P_I^*(H)=c_H$，消费者信念：对于 $P_E \geqslant c_H$，$b(P_I^*(H),P_E)=1$；对于 $P_E < c_H$，$b(P_I^*(H),P_E)=0$。一个价格偏离 $P_E > P_E^*(H)=U_H-U_L+c_L$ 使得 H 失去整个市场，消费者向在位者购买。如果 H 偏离到一个价格 $c_H \leqslant P_E < P_E^*(H)=U_H-U_L+c_L$，所有知情和不知情的消费者依然会向 H 购买。但是因为它降低了从知情和不知情消费者身上的可获得的利润率，所以这样的偏离对 H 而言是不可取的。任何 $P_E < c_H$ 的价格是 H 的劣势策略。因此，H 不会偏离其均衡价格策略。然后我们检验给定 $P_I^*(L)=U_H-U_L+c_L$ 和消费者信念：对于所有 P_E，$b(P_I^*(L),P_E)=0$，L 也无法获得一个有利可图的偏离。假设 L 偏离到 $P_E > P_E^*(H)=U_H-U_L+c_L$，那么 L 会失去所有知情与不知情的消费者。但是，如果 L 保持其均衡价格水平，它会赢得所有不知情的消费者并且获得正利润。因此，这一偏离使得 L 的境况恶化。偏离到价格 $P_E < P_E^*(H)=U_H-U_L+c_L$ 会使得 L 赢得所有知情和不知情的消费者。就知情消费者而言，L 通过扩大其市场份额而增加收益，但是对于不知情的消费者而言，更低的利润率使 L 受损。当知情消费者占所有消费者的比例很低时，L 在不知情消费者身上蒙受的损失就会超过在知情消费者身上获得的收益。因此，我们证明了 L 也无法获得一个有利可图的偏离。最后，我们检验在位者。给定 $P_E^*(L)=U_H-U_L+c_L$ 和消费者信念：对于 $P_I < P_I^*(L)$，$b(P_I,P_E^*)=1$；对于 $P_I \geqslant P_I^*(L)$，$b(P_I,P_E^*)=0$，如果进入者是 L，偏离到 P_I，其中 $P_I^*(H) < P_I < P_I^*(L)$ 使得所有不知情的消费者相信进入者出售高质量的产品，因此所有不知情消费者都不会向在位者购买。此外，更低的利润率会使在位者在知情消费者身上蒙受损失。因此，对于在位者而言，这个偏离是不值得的。如果在位者偏离到一个 $P_I > P_I^*(L)$ 的价格，即使不知情的消费者相信进入者出售低质量产品，L 最终也将失去整个市场。因为在位者可以用一个高于边际成本的价格吸引所有知情消费者而获得正利润，这样的偏离也是不可取的。如果进入者

是 H，偏离到价格 P_I，其中 $P_I^*(H)<P_I<P_I^*(L)$ 使得所有不知情消费者相信进入者出售高质量产品，因此所有不知情消费者依然会向进入者购买。此外，在位者会失去所有知情消费者。因此，这一偏离是无利可图的。另一个偏离价格 $P_I>P_I^*(L)$ 使得所有不知情消费者推断进入者出售低质量产品，但是以此价格，在位者无法将产品出售给不知情消费者。此外，知情消费者依然会向高质量的进入者购买，因此没有消费者会向在位者购买。所以，在位者不会偏离其均衡策略。注意，给定在位者的均衡价格策略，这一均衡中没有价格策略仅仅是一个类型进入者的劣势均衡策略，而非另一类型的劣势均衡策略。因此，直观标准不会给非均衡路径的价格策略施加约束。据此，我们可以得出结论，这一均衡通过了直观标准精炼。

其次，我们证明上述均衡是这一类型的唯一均衡。考虑价格 $P_I^*(H)\neq P_I^*(L)$，首先证明，在这样一个分离均衡中，$U_L-P_I^*(H)=U_H-P_E^*(H)$ 必须成立。如果 $U_L-P_I^*(H)>U_H-P_E^*(H)$，给定 H 的定价为 P_E^*，H 无法出售产品，那么在位者可通过稍微提高其价格获得一个有利可图的偏离。假设 $U_L-P_I^*(H)<U_H-P_E^*(H)$，那么存在一个价格 $P_E>P_E^*(H)$，使得 $U_L-P_I^*(H)\leqslant U_H-P_E$。由于 $P_I^*(H)\neq P_I^*(L)$，观察到价格向量 $(P_I^*(H),P_E)$ 会使得所有不知情消费者相信进入者是 H，而不是 L，因此根据精炼标准，$b(P_I^*(H),P_E)=1$，所有不知情消费者依然会向 H 购买，H 可以提高其在不知情消费者身上获得的收益。此外，由于向 H 购买获得的消费者剩余比向在位者购买的多，因此所有知情的消费者依然都会向 H 购买。H 利润的增加源于其在知情消费者身上获得的更高的利润率。因此，给定在位者的定价为 $P_I^*(H)$ 时，H 可以通过偏离到一个相对于 $P_E^*(H)$ 更高的价格而获利。

我们提出，分离均衡中 $P_I^*(H)=c_L$，$P_E^*(H)=U_H-U_L+c_L$ 成立。假设 $P_I^*(H)>c_L$，给定 H 的价格为 $P_E^*(H)$，在位者有动机通过轻微降低其价格来阻止 H 出售商品。这反过来给 H 降价的动机。$P_I^*(H)<c_L$ 是在位者的劣势策略。因此，$P_I^*(H)=c_L$。由于在这样一个分离均衡中，$U_L-P_I^*(H)=U_H-P_E^*(H)$，如果进入者出售高质量产品，可以得到 $P_E^*(H)=U_H-U_L+c_L$，且所有知情与不知情消费者都向进入者购买。

最后，在上述 $P_E^*(H)=P_E^*(L)$ 的均衡中，我们证明 $P_I^*(L)>P_I^*(H)$ 和 $P_I^*(L)=U_H-U_L+c_L$。如果 $U_L-P_I^*(L)>U_L-P_E^*(L)$，那么在位者可以通过提高其价格获利。此外，如果进入者实际上是高质量，那么在位者有动机通过选择价格 $P_I^*(L)$ 来假装它观察到低质量的进入者。这是因为，无论进入者是高质量还是低质量,其都设置相同的价格 $P_E^*(H)=P_E^*(L)$, 并且只有在位者的价格可以证实有关进入者质量类型的信息。如果 $U_L-P_I^*(L)<U_L-P_E^*(L)$,那么进入者可以提高其价格和利润。因此可得 $U_L-P_I^*(L)=U_L-P_E^*(L)$,也即 $P_I^*(L)=U_H-U_L+c_L$。

命题 5 证明

证明 1 证明 1 和证明 3 的方法与设定 1 一致,因此在此省略。

证明 2 首先验证在上面给定的均衡路径和非均衡路径的信念条件下, 没有公司会偏离其均衡策略。假设 $P_I^*=P_I^*(H)=P_I^*(L)=c_L$,我们证明 进入者不会偏离 $P_E^*=P_E^*(H)=P_E^*(L)=U_H-U_L+c_L$。在我们构建的信 念下,如果进入者制订一个低于 $P_E^*=U_H-U_L+c_L$ 的价格,那么它被认为 是低质量的。如果进入者是 H,任何偏离价格为 P_E,那么 $c_H \leqslant P_E<U_H-U_L+c_L$ 是不可取的,因为所有消费者都不知情且所有不知情的消费者都有 消极的非均衡信念,即认为进入者出售低质量产品。因此,在这样一个高 价格水平下,所有消费者都不会向 H 购买。此外,如果进入者是 H,它绝 对不会偏离到任何低于 c_H 的价格,因为这些价格是 H 的劣势策略。如果 进入者 H 选择一个偏离价格,$U_H \geqslant P_E>U_H-U_L+c_H$,这样一个价格偏离 也无法使 H 的境况变好。需要注意的是,所有消费者被假设为不知情。给 定如下消费者信念结构:对于所有的 $P_E \geqslant P_E^*$,$b(P_I^*, P_E) \leqslant \theta$,所有消费者 向进入者购买的期望效用相对较小。因此,所有消费者都会向在位者购 买。我们得到结论,如果所有消费者都不知情,那么 H 无法出售任何商品, 从而无法使得自己的境况改善。因此,H 不会偏离其均衡价格策略。如果 进入者是 L,L 也无法做出一个有利可图的偏离。任何价格偏离 P_E,$c_L<P_E<U_H-U_L+c_L$,使得所有消费者相信进入者是 L,因而 L 无法以这一偏 离价格水平出售任何产品。如果 L 偏离到价格 P_E,$P_E>U_H-U_L+c_L$,给 定消费者信念:对于所有 $P_E \geqslant P_E^*$,$b(P_I^*, P_E) \leqslant \theta$,消费者向进入者购买的 期望效用相对较低,因此消费者不会向进入者购买。同时,L 没有动机选择 任何低于 c_L 的价格,这是因为这样的价格偏离是劣势均衡策略。此外,一 个等于 c_L 的偏离价格会使得 L 出售部分商品给消费者,但是 L 获得零利 润,境况不会改善。因此,L 也不能通过偏离获利。我们现在转向检验在位 者。给定 $P_I^*=P_I^*(H)=P_I^*(L)=U_H-U_L+c_L$ 和消费者信念:对于所有 的 $P_I>c_L$,$b(P_I, P_E^*(H))=b(P_I, P_E^*(L))=b(P_I, P_E^*)=1$,如果在位者偏 离到价格 $P_I>P_I^*=P_I^*(H)=P_I^*(L)=c_L$,那么所有消费者都会相信进入 者出售高质量产品并且向进入者购买。因此,当进入者出售高质量产品时,在位者最终会失去整个市场,并且无法使其境况变好。但是,当进入者出售低质量产品时,如果 $c_L < P_I < U_H - U_L + c_L$,所有不知情的消费者会就向进入者购买,所有知情消费者会向在位者购买。因此,当存在知情消费者时,在位者可以做出一个有利的偏离。给定所有消费者是不知情的,则在位者没有动机偏离其均衡价格策略。这一均衡满足直观准则(Cho 和 Kreps,1987)。任何价格 $P_E \in [c_L, c_H)$ 是 H 但不是 L 的均衡劣势策略。因此,当观察到 $P_E \in [c_L, c_H)$ 和给定 $P_I^* = c_L$ 时,消费者相信进入者出售高质量的概率为 0。这一信念与上述分析一致,因此,L 不会偏离其均衡价格策略。

其次,我们证明,在一个在位者可以阻止一个潜在者的进入且所有消费者不知情的混同均衡中,这是给定信念条件下,唯一的此种类型的均衡。因为在位者的任何偏离都会使消费者相信进入者是 H,因此进入者可以混同在价格 $P_E^*(H) = U_H - U_L + c_L$ 中。这不同于设定 1 中的一般的信念构建,任何来自在位者的偏离都无法影响消费者的信念,因此对于所有的 P_I,$b(P_I, P_E^*(H)) = b(P_I, P_E^*(L)) = b(P_I, P_E^*) = \theta$。下面,我们论证 $P_I^* = P_I^*(H) = P_I^*(L) > c_L$ 是不可能的。假设 $P_I^* = P_I^*(H) = P_I^*(L) > c_L$,无论消费者在非均衡路径上的信念如何,$L$ 都会有动机偏离其均衡价格 $P_E^* = P_E^*(H) = P_E^*(L) = U_H - U_L + c_L$,$L$ 通过降价获得整个市场。这反过来给了在位者偏离的动机。因此,$P_I^* = P_I^*(H) = P_I^*(L) = c_L$ 成立。

第三章

存在一些知情消费者时企业的进入和
质量信号传递：产品差异化的情况

第一节 引 言

大量文献着眼于公司如何使消费者明白其不可观测的质量这一根本问题。通常，文献强调了重复购买、知情消费者、公司产品的差异化，或者基于完全竞争模型的其他偏离的作用，以实现信号传递。在本章中，我们将上一章的模型扩展到一个水平差异化的市场。

我们考察了两家公司在一个水平差异化和可能也存在垂直差异化的商品市场中的竞争行为。这里的设定与第二章的相同。在位者的低质量是众所周知的，而进入者的质量可能高，也可能低。一些消费者知道进入者的质量而其他消费者不知情。公司使用价格信号传递质量信息给不知情的消费者。在位者可能知道，也可能不知道进入者的质量。在两种信息结构中，我们通过比较不完全信息和完全信息下的均衡利润，讨论了信息产品差异对于进入行为的影响。

这一博弈的进行类似于第二章。首先，自然选择潜在进入者的质量，并假设进入者自己和一些消费者知道自然的这一选择。在位者可能知道，也可能不知道进入者的质量。质量在博弈中是固定的。其次，在位者和潜在进入者同时设定其价格，消费者可观察到这些价格。P_E 和 P_I 不会改变。根据进入者的实际质量，P_E 可以表示为 $P_E(L)$ 和 $P_E(H)$。在设定 1 中，在位者的价格用 P_I 表示，在设定 2 中则用 $P_I(L)$ 或 $P_I(H)$ 表示。再次，消费者完全知道在位者的质量，但是可能不确定进入者的质量，消费者通过观察到的价格形成他们关于进入者质量的信念,然后决定是否购买和向谁购买。消费者接收到价格信息(P_I, P_E)。在观察到价格组合后,消费者的信念用$b(P_I, P_E)$表示,这表示进入者质量是H的事件的发生概率。在设定1中,消费者的信念不会随着在位者价格的改变而改变;而在设定2中,在观察到进入者或在位者的价格后,不知情的消费者会修改其信念。

我们发现在设定1和设定2中存在几个分离均衡。所有这些均衡都是此类型的唯一均衡。这些均衡的结果表明,在竞争条件下,知情消费者的存在起着关键性的作用。

在在位者不知情的情况下,我们发现一个均衡,其中高质量的进入者设定高价格传递其高质量信号。这是因为低质量的进入者与低质量的在位者竞争时,其模仿行为存在两个互相冲突的动机。一方面,低质量进入者通过模仿高质量进入者所获得的利润随高质量进入者价格的提高而增加,其原因在于其可以从不知情消费者身上获得更高的利润率。另一方面,高价格会使其减少对知情消费者的销售额,这一销售的损失对更低生产成本的商品而言损失更大。如果知情消费者越多,那么这一效果越强。这表明,当知情消费者的占比超过某个阈值时,进入者的高价格可以作为高质量的传递信号。

但是,随着知情消费者越来越多,高质量进入者的利润会下降,使其不愿意设定那么高的分离价格。特别是当知情消费者的占比高于某一水平时,高质量的进入者会偏离到一个低于完全信息均衡下的价格。在在位者不知情的情况下的均衡结果表明,信息产品差异不是低质量进入者的进入壁垒。相反,信息产品差异可以促进高质量竞争对手的进入。这与同质商品市场的结果形成对比。①

当在位者知情时,我们发现了两个额外的分离均衡。在第一个分离均衡中,当知情消费者的占比超过某临界值时,在位者和任一类型的进入者选择完全信息纳什均衡价格。高质量进入者根本不需要扭曲价格以传递其质量信息。因此,信息产品差异不会造成进入壁垒。由于在知情的消费者身上可能蒙受巨大损失,因此低质量的进入者没有动机伪装成高质量。直观地,知情消费者的数量越多,从知情消费者身上蒙受的损失就越多,并且在不知情消费者身上获得的收益就越少。其结果是,当知情消费者与不

---

① 在同质商品市场中,高质量的公司无法将产品出售给不知情的消费者,因此,信息不对称使其进入行为受阻。

知情消费者的比值高于某个阈值时,低质量的进入者就不会再模仿高质量的进入者。

在第二个分离均衡中,在位者的价格,而不是进入者的价格,可以提供信息,也即可以揭示进入者的真实类型给不知情的消费者。由于不知情的消费者可以从在位者的价格推断出进入者出售低质量产品,低质量的进入者无法模仿高质量的进入者。如果进入者出售低质量产品,在位者设定相对高的价格;相反的情况下,在位者则设定相对低的价格。在位者的高价格传递进入者的低质量的原因在于高价格会使在位者在知情消费者身上损失更多销售额给高质量进入者。因此,当知情消费者的比例接近某一临界值时,这一损失将足以避免当在位者误导不知情的消费者相信进入者是低质量的,即使事实上进入者是高质量的。这一均衡结果意味着,在位者的信息战略提高了低质量进入者的利润,且可能无法使得在位者自己的境况得到改善。因此,在位者知情的情况下,不完全信息促进了低质量进入者的进入行为。直观上,由于在位者知道进入者的真实质量这一信息是大家都知道的事,因此进入者可以利用在位者的信息战略。

通过比较这两种信息结构,我们得到以下结论:如果在位者知道进入者的质量且这是常识,那么在位者的境况可能恶化。理由是,由于两家公司在拥有共同信息的背景下试图进行信号传递,消费者可以通过观察在位者或进入者的价格来了解进入者的质量。因此,进入者可能会利用在位者的信息战略来克服其自身的信息劣势。

很多学者探究了在一个水平和垂直差异化的市场中,公司如何使用价格和/或广告来传递其质量信号,比如 Daughety 等(2007a,2007b)和 Barigozzi 等(2006)。Daughety 等(2007a)考察了一个质量属性是安全的双寡头模型。公司的质量是其私人信息。消费者不知道公司的质量。对于每个消费者而言,即使两家公司产品的价格和质量是相同的,它们也是不完全替代的。在其他条件相同时,消费者都会偏好一个具有更高安全水平的产品。因此,两家公司的产品具有水平和垂直差异。任何一家公司的质量都是其私人信息。他们描述了一个每家公司的价格揭示其产品质量的均衡。Daughety 等(2007b)检验了 n 个企业生产水平和垂直差异化产品的情况下,不完全竞争和不完全信息的相互作用。公司拥有关于其产品质量的私人信息。他们的研究同样发现,有关质量的不完全信息可以通过价格信号传递。本章提供了一个双寡头模型,其中所有消费者都知道一个公司的质量,但是仅有一些消费者知道另一家公司的质量。公司的质量可能是也可能不是私人信息。

与本章关系最密切的相关研究是 Barigozzi 等(2006)的研究。他们考察了两家水平和垂直差异化的公司。一家公司的质量被公认是高的,而另一家公司的质量只有两家公司知道,消费者不知道。且这家公司的质量可能高,也可能低。他们的研究表明,由于消费者可以向对手购买,所以高价格信号传递是非常昂贵的。这将使广告和价格的联合信号更合适。他们证明,对单纯的价格信号而言,广告与价格的结合可以成为一个更强大的信号。与 Barigozzi 等(2006)的研究不同,本章我们假设在位者的质量是低的。这一假设允许我们检验信息产品差异对进入行为的影响。本质的区别是,我们采用了完全不同的均衡概念和精炼,并证明了当存在一些知道进入者质量的消费者时,在竞争的环境下,价格可以单独作为质量传递信号。

第二节　模　型

两家公司基于霍特林模型展开竞争。按照霍特林模型的标准"线性城市",消费者随机分布在市场里,而这两家公司分别位于单位间隔的两端。消费者的位置服从均衡分布 $U[0,1]$。如果他们向在位者购买,则产生的交通成本为 ty;如果他们向进入者购买,则产生的交通成本为 $t(1-y)$。消费者的数量标准化为 1,每个消费者最多购买 1 单位产品。所有消费者偏好高质量产品,并愿意为高质量产品支付更多。但是,由于消费者与两家公司相对距离不同,因为对于两家不同公司出售的产品,消费者可能有异质性的偏好。因此,这里我们考察了一个同时存在水平和垂直产品差异化的模型。假设消费者将低质量产品的价值设为 U,那么高质量产品价值为 $U+\beta$,其中 $0<\beta<t$。用 P 表示产品价格。一个位于 y 处的消费者向在位者购买所获得的效用为 $U-P_I-ty$,而向进入者购买所获得的效用可能是 $U-P_E-t(1-y)$,也可能是 $U+\beta-P_E-t(1-y)$,这取决于进入者出售的产品质量。不购买的效用为零。消费者是风险中性的。消费者最大化其期望效用,并且如果购买的期望效用为非负,那么他们会购买 1 单位的产品。本书中,我们假设市场是完全覆盖的。

为了探讨不完全信息是否构成进入壁垒,我们将比较不完全信息和完全信息下的均衡利润。相应地,如果潜在进入者在不完全信息下能获得比在完全信息下更高的利润,我们说进入变动更容易。相反,当进入者在不完全信息下能获得比在完全信息下更低的利润,那么进入行为受到阻碍。规模报酬不变。公司的边际成本不变。高质量产品的边际成本是 $c_H = c$, $c > 0$,而生产低质量产品的边际成本是 c_L。简单起见,我们可以标准化 c_L 为 0,同时又不失一般性。我们也假设高质量或低质量产品产生一个正的社会剩余,且基于剩余的比较,高质量产品比低质量产品更有效:$U + \beta - c_H > U - c_L > 0$,也即 $\beta - c > 0$。

一、完全信息基准

假设消费者和两家公司完全知晓在位者和潜在进入者的产品质量,我们的静态均衡概念只是一个简单的价格的纳什均衡。在给定对手公司价格策略的情况下,每家公司选择一个价格策略以最大化其利润。

这个模型可以在标准霍特林模型中求解。如果进入者出售低质量产品,那么位于 $\hat{y}_L = \dfrac{1}{2} + \dfrac{P_E(L) - P_I(L)}{2t}$ 处的消费者向进入者购买与向在位者购买是无差异的。类似地,如果进入者出售高质量产品,那么位于 $\hat{y}_H = \dfrac{1}{2} + \dfrac{P_E(L) - P_I(L) - \beta}{2t}$ 处的消费者向进入者购买与向在位者购买也是无差异的。因此,我们可以得出在位者的需求函数,当进入者出售低质量产品时,$\hat{y}_L = \dfrac{1}{2} + \dfrac{P_E(L) - P_I(L)}{2t}$;当进入者出售高质量产品时,$\hat{y}_H = \dfrac{1}{2} + \dfrac{P_E(L) - P_I(L) - \beta}{2t}$。由于消费者均匀分布在 0 到 1 的单位间隔之间,进入者的需求函数如下:当进入者出售低质量产品时,$1 - \hat{y}_L = \dfrac{1}{2} + \dfrac{P_I(L) - P_E(L)}{2t}$;当进入者出售高质量产品时,$1 - \hat{y}_H = \dfrac{1}{2} + \dfrac{P_I(L) - P_E(L) + \beta}{2t}$。

当进入者出售低质量产品时,给定公司的需求函数和价格组合 $(P_I(L), P_E(L))$,在位者和进入者的利润函数分别为:

$$\pi_E^L(P_I(L), P_E(L)) = P_I(L)\left(\frac{1}{2} + \frac{P_E(L) - P_I(L)}{2t}\right)$$

$$\pi_I^L(P_I(L), P_E(L)) = P_E(L)\left(\frac{1}{2} + \frac{P_I(L) - P_E(L)}{2t}\right)$$

同样,当进入者出售高质量产品时,给定两家公司的消费者需求和价

格组合$(P_I(H), P_E(H))$,在位者和进入者的利润函数分别为:

$$\pi_I^H(P_I(H), P_E(H)) = P_I(H)\left(\frac{1}{2} + \frac{P_E(H) - P_I(H) - \beta}{2t}\right)$$

$$\pi_E^H(P_I(H), P_E(H)) = (P_E(H) - c)\left(\frac{1}{2} + \frac{P_I(H) - P_E(H) + \beta}{2t}\right)$$

命题 1 考察静态完全信息博弈。

1. 如果 $q=L$,那么唯一的纳什均衡价格是:$P_I^*(L) = t = P_E^*(L)$。每家公司分得一半市场,两家公司的均衡利润相同,均为 $\frac{t}{2}$。

2. 如果 $q=H$,那么唯一的静态均衡价格是:$P_I^*(H) = t + \frac{c-\beta}{3}$ 和 $P_E^*(H) = t + \frac{2c+\beta}{3}$。在位者和 H 的市场份额分别为 $\frac{1}{2} + \frac{c+\beta}{6t}$ 和 $\frac{1}{2} + \frac{\beta+c}{6t}$。此外,两家公司的均衡利润分别为 $\pi_I^H(P_I^*(H), P_E^*(H)) = \frac{t}{2}\left(1 + \frac{c+\beta}{3t}\right)^2$ 和 $\pi_E^H(P_I^*(H), P_E^*(H)) = \frac{t}{2}\left(1 - \frac{c-\beta}{3t}\right)^2$。

命题1告诉我们,如果公司进行静态完全信息博弈,那么在位者的利润随进入者质量的提升而减少,而潜在的进入者的利润随进入者质量的提升而增加。高质量进入者设定更高价格,依然赢得较大的市场份额,并且获得更高的利润。由此我们得出结论,在完全信息基准下,由于高质量进入者相较于低质量进入者有更高的利润,因此高质量进入者有更好的机会进入市场。高质量进入者比低质量进入者获得更高利润的原因是,我们考察的是差异化产品市场的竞争,当设定与在位者相同的价格时,高质量公司可能有大的超边际消费者的比重。这会导致高质量进入者提高其价格并在超边际消费者身上获得更高的利润率。这么做的时候,高质量的进入者愿意失去一些边际消费者给低质量的在位者。

二、不完全信息

在下面的分析中,我们只考虑了纯策略均衡。为了求解纯策略均衡,我们采用了 Fudenberg 等(1991)定义的精炼贝叶斯均衡。也即,在给定对手的均衡策略和消费者行为时,每家公司设定价格以最大化其利润。消费者在给定信念时,公司选择最大化其期望效用。

均衡路径上的消费者信念满足贝叶斯法则。在设定 1 中,贝叶斯法则要求均衡路径上的信念满足如下条件：如果 $P_E^*(H) \neq P_E^*(L)$，那么 $b(P_I^*, P_E^*(H)) = 1, b(P_I^*, P_E^*(L)) = 0$；如果 $P_E^*(H) = P_E^*(L) = P_E^*$，那么 $b(P_I^*, P_E^*) = \theta$。在设定 2 中，如果 $P_I^*(H) \neq P_I^*(L)$ 或者 $P_E^*(H) \neq P_E^*(L)$，那么 $b(P_I^*(H), P_E^*(H)) = 1, b(P_I^*(L), P_E^*(L)) = 0$。在混同均衡中，$P_I^*(H) = P_I^*(L) = P_I^*, P_E^*(H) = P_E^*(L) = P_E^*$，那么 $b(P_I^*, P_E^*) = \theta$。

1. 设定 1 分析

在分离均衡中，在位者的价格是没有包含进入者的质量信息的，而进入者的价格则包含进入者质量信息。因此，我们有如下命题：

命题 2　考察静态不完全信息博弈。

当 $\dfrac{t}{\beta} \leqslant x \leqslant \dfrac{2t\beta + \beta c - c^2 + 2\beta\sqrt{t(t+\beta-c)}}{(\beta-c)^2}$ 时，存在一个唯一的分离均衡，其中 $P_I^* = t, P_E^*(L) = t, P_E^*(H) = t + \beta$。不管潜在进入者质量如何，每个公司都占有一半市场。如果 $q = L$，两家公司的均衡利润都为 $\dfrac{t}{2}$；如果 $q = H$，在位者和进入者的均衡利润分别为 $\pi_I^H(P_I^*, P_E^*(H)) = \dfrac{t}{2}$ 和 $\pi_E^H(P_I^*, P_E^*(H)) = \dfrac{t+\beta-c}{2}$。均衡和非均衡路径上的信念给定如下：当 $P_E < P_E^*(H)$ 时，$b(P_I^*, P_E^*(H)) = 1, b(P_I^*, P_E^*(L)) = 0, b(P_I^*, P_E) = 0$；当 $P_E > P_E^*(H)$ 时，$b(P_I^*, P_E) = 1$；对于所有 $P_I, b(P_I, P_E^*(L)) = 0$；对于所有 $P_I, b(P_I, P_E^*(H)) = 1$。

这一命题的主要观点是，当且仅当知情消费者比例是中等水平时，高价格信号传递高质量。[①] 直观的解释是，当低质量的在位者与进入者展开竞争时，如果高质量进入者通过高价格传递其质量信号，那么低质量的进入者会有两个矛盾的动机。一方面，低质量进入者模仿高质量进入者的利润会随着高质量进入者价格的提高而增加。这是因为在与在位者竞争时，低质量进入者从不知情消费者身上获得了更高的利润率。另一方面，选择一个高价格会导致其在知情消费者的销售量上蒙受更大的损失，且这一损失对于低质量进入者的破坏性更大。更进一步地，知情消费者越多，这一效应就越强。这表明，当知情消费者的比例超过某个阈值时，高价格会传递进入者的高质量。但是，仅当知情消费者的比例低于某个阈值时，分离

---

① 当 $\dfrac{t}{\beta} < x \leqslant \dfrac{2t\beta + \beta c - c^2 + 2\beta\sqrt{t(t+\beta-c)}}{(\beta-c)^2}$ 时，这一均衡无法通过直观标准。

均衡才会存在。这里的理由是,随着知情消费者的比例增加,H 选择的高分离价格会使其在知情消费者的销售额上蒙受更多的损失。这一损失降低了 H 通过选择高价格使其分离出来的动机。因此,如果知情消费者的比例超过一定水平,进入者 H 或许不愿意设定那么高的价格,原因在于这一价格会使得其在不知情消费者身上的获益超过其在知情消费者身上蒙受的损失。因此,当知情消费者比例超过某个阈值时,高质量进入者会选择偏离如此高的分离价格,那么均衡就被打破了。

与完全信息基准进行对比,低质量进入者的利润保持不变,而高质量进入者的利润增加。[①] 因此我们可以得出结论,不完全信息不会成为低质量进入者的进入壁垒。相反,它可以促进高质量进入者的进入。[②]

2.设定 2 分析

我们现在转到这一情形,其中进入者和在位者都知道进入者的质量,而一些消费者依然不知情。在位者和消费者都知道在位者知晓进入者的质量是常识。在下面的命题中,我们首先证明,知情在位者的情形可能产生一个分离均衡。在此均衡中,两家公司都设定分离价格,信号传递在没有任何价格扭曲的情况下发生。两家公司选择完全信息下的纳什均衡价格。

命题 3 考察静态不完全信息博弈。

当 $x \geqslant \dfrac{9t\beta + 2(\beta - c)(\beta + 2c)}{(\beta + 2c)^2}$ 时,存在唯一的分离均衡,其中 $P_I^*(L) = t = P_E^*(L)$,$P_I^*(H) = t + \dfrac{c - \beta}{3}$,$P_E^*(H) = t + \dfrac{\beta + 2c}{3}$。如果 $q = L$,那么每家公司占有市场一半的份额,两家公司的均衡利润相同,为 $\dfrac{t}{2}$;如果 $q = H$,那么在位者和 H 的市场份额分别为 $\dfrac{1}{2} + \dfrac{c - \beta}{6t}$,$\dfrac{1}{2} + \dfrac{\beta - c}{6t}$,其利润分别为 $\pi_I^H(P_I^*(H), P_E^*(H)) = \dfrac{t}{2}\left(1 + \dfrac{c - \beta}{3t}\right)$,$\pi_E^H(P_I^*(H), P_E^*(H)) = \dfrac{t}{2}\left(1 - \dfrac{c - \beta}{3t}\right)^2$。均衡和非均衡路径上的信念给定如下:$b(P_I^*(H), P_E^*(H)) = 1$,$b(P_I^*(L), P_E^*(L)) = 0$;对于 $P_E \neq P_E^*(H)$,$b(P_I^*(L), P_E) = 0$;对于

---

① 如果 $3t > \beta - c$,那么 $\dfrac{t + \beta - c}{2} > \dfrac{t}{2}\left(1 - \dfrac{c - \beta}{3t}\right)^2$。

② 这一结果与我们在同质市场上的分析不同,其中不完全信息可能会成为进入壁垒。但是,这是一致的。产品差异的假设在这里起到至关重要的作用。

$P_E \neq P_E^*(L), b(P_I^*(H), P_E) = 1$;对于所有 $P_I, b(P_I, P_E^*(L)) = 0$;对于所有 $P_I, b(P_I, P_E^*(H)) = 1$。

在此均衡中,如果知情消费者与不知情消费者的比例足够大,那么不完全信息不会成为进入者的壁垒,公司简单地表现为好像他们拥有完全信息。价格在任一方向都没有扭曲。这里的核心点是两家公司传递共同信息,不知情的消费者可以通过在位者或进入者的分离价格获知进入者的质量。直观地,如果在位者选择分离价格,那么 H 永远不会假装自己是低质量的,原因在于这么做会同时在知情和不知情的消费者身上蒙受损失。因此,H 选择其均衡价格。若在位者知情,那么 L 唯一可行的有利可图的偏离是通过将价格设定在高质量进入者的均衡水平来伪装成 H。如果知情消费者的比例足够大,那么其在知情消费者身上蒙受的损失可能超过在不知情消费者身上获得的利润,这样的话,L 会简单地采用均衡策略。当面对一个高质量的进入者时,在位者无法欺骗消费者,这使得消费者相信进入者出售低质量产品。这是因为进入者的分离价格依然会告知消费者其真实的质量。

下面的分析中,我们重点关注了另一类分离均衡。在此种均衡中,一家公司混同。在这类均衡中,因为 $P_E^*(H) \neq P_E^*(L)$,或者 $P_I^*(H) \neq P_I^*(L)$。分离均衡出现。

利润比较:正如我们在完全信息下得到的,如果 $q = L$,那么两家公司的均衡利润是 $\pi_I^L(P_I^*(L), P_E^*(L)) = \dfrac{t}{2} = \pi_E^L(P_I^*(L), P_E^*(L))$;如果 $q = H$,

那么两家公司的均衡利润分别是 $\pi_I^H(P_I^*(H), P_E^*(H)) = \dfrac{t}{2}\left(1 + \dfrac{c-\beta}{3t}\right)^2$ 和

$\pi_E^H(P_I^*(H), P_E^*(H)) = \dfrac{t}{2}\left(1 - \dfrac{c-\beta}{3t}\right)^2$。当 $\beta > c$ 时,$\dfrac{t}{2}\left(1 + \dfrac{c-\beta}{3t}\right)^2 < \dfrac{t}{2} <$

$\dfrac{t}{2}\left(1 - \dfrac{c-\beta}{3t}\right)^2$。这意味着,当进入者被认为是高质量的时,它将获得更多利润;当进入者被认为是低质量的时,在位者的境况会改善。换句话说,在存在不知情的消费者的情况下,在位者有动机促使消费者相信进入者是低质量的,而进入者则希望消费者相信其出售高质量产品。

命题 4 考察静态不完全信息博弈。

当 $\dfrac{t}{\beta} \leq x \leq \dfrac{2t\beta + \beta c - c^2 + 2\beta\sqrt{t(t+\beta-c)}}{(\beta-c)^2}$ 时,存在唯一的分离均衡,其中 $P_I^*(L) = P_I^*(H) = P_I^* = t$,$P_E^*(L) = t$,$P_E^*(H) = t + \beta$。不管进入者的质

量如何,每家公司都占有一半市场。如果 $q=L$,则均衡利润对两家公司而言相同,为 $\dfrac{t}{2}$;如果 $q=H$,则两家公司的均衡利润分别为 $\pi_I^H(P_I^*(H), P_E^*(H)) = \dfrac{t}{2}$ 和 $\pi_E^H(P_I^*(H), P_E^*(H)) = \dfrac{t+\beta-c}{2}$。均衡和非均衡路径上的信念如下:$b(P_I^*, P_E^*(H)) = 1$,$b(P_I^*, P_E^*(L)) = 0$;当 $P_E < P_E^*(H) = t+\beta$ 时,$b(P_I^*, P_E) = 0$;当 $P_E \geqslant P_E^*(H) = t+\beta$ 时,$b(P_I^*, P_E) = 1$;对于所有 P_I,$b(P_I, P_E^*(L)) = 0$;对于所有 P_I,$b(P_I, P_E^*(H)) = 1$。

命题 5 考察静态不完全信息博弈。

如果 $\dfrac{3t\beta - 2c^2 - (\beta+c)^2}{(\beta+c)^2} \leqslant x \leqslant$

$\dfrac{6t\beta - 2\beta^2 - 12c^2 - 10\beta c + 2\beta\sqrt{9t^2 + 3t\beta + 6tc - 2\beta^2 - 8c^2 - 8\beta c}}{3(\beta+2c)^2}$,价格 $P_E^*(L) = P_E^*(H) = P_E^* = t + \dfrac{\beta+2c}{3}$,$P_I^*(L) = t + \dfrac{2(\beta+2c)}{3}$,$P_I^*(H) = t + \dfrac{c-\beta}{3}$ 组成了唯一的分离均衡。如果 $q=L$,在位者和进入者的市场份额分别是 $\dfrac{1}{2} - \dfrac{\beta+2c}{6t}$ 和 $\dfrac{1}{2} + \dfrac{\beta+2c}{6t}$。对应的利润分别为 $\pi_I^L(P_I^*(L), P_E^*(L)) = \left(\dfrac{1}{2} - \dfrac{\beta+2c}{6t}\right)\left(t + \dfrac{2(\beta+2c)}{3}\right)$ 和 $\pi_E^L(P_I^*(L), P_E^*(L)) = \left(\dfrac{1}{2} + \dfrac{\beta+2c}{6t}\right)\left(t + \dfrac{\beta+2c}{3}\right)$;如果 $q=H$,那么在位者和 H 的市场份额分别是 $\dfrac{1}{2} + \dfrac{c-\beta}{6t}$ 和 $\dfrac{1}{2} + \dfrac{\beta-c}{6t}$,对应的利润分别为 $\pi_I^H(P_I^*(H), P_E^*(H)) = \dfrac{t}{2}\left(1 + \dfrac{c-\beta}{3t}\right)^2$ 和 $\pi_E^H(P_I^*(H), P_E^*(H)) = \dfrac{t}{2}\left(1 - \dfrac{c-\beta}{3t}\right)^2$。均衡和非均衡路径的信念给定如下:$b(P_I^*(H), P_E) = 1$,$b(P_I^*(L), P_E) = 0$;对于所有 P_E,$b(P_I^*(L), P_E) = 0$;对于所有 P_E,$b(P_I^*(H), P_E) = 1$;对于 $P_I \geqslant P_I^*(L) = t + \dfrac{2(\beta+2c)}{3}$,$b(P_I, P_E^*) = 0$;对于 $P_I < P_I^*(L) = t + \dfrac{2(\beta+2c)}{3}$,$b(P_I, P_E^*) = 1$。

上述命题证明了,存在一个分离均衡,达到均衡时是在位者的价格而不是进入者的价格,向不知情消费者揭示了进入者的真实质量类型。一个有趣的结果是,当知情消费者与不知情消费者的比值处于中等水平时,在位者的高价格信号传递出进入者出售低质量产品,在位者的低价格信号传递出进入者的高质量。[①] 理由是，如果在位者用高价格来传递进入者的高质量，那么在位者会失去一个更大比例的边际消费者，并且获得更小比例的超边际消费者。这可能促使在位者降低其价格来捕捉更大的市场份额。相反，在位者偏好一个高价格来传递进入者的低质量；在这个情况下，它会有一个相对比较大的市场份额，并且有动机通过设定高价格来获得更高的利润率。因此，这证明了，当存在一些已知进入者质量的消费者时，在位者用高价格信号传递出进入者的低质量。直观地，当进入者实际质量是高的时，知情消费者的数量越大，则在位者设定高价格误导不知情消费者而蒙受的损失越大。因此，高价格和一些知晓进入者质量的消费者的存在保证了分离均衡。

上述分析的结果表明，低质量进入者从在位者所拥有的额外的有关进入者质量的信息中获益。因此，知情在位者采用的提供信息的战略能帮助低质量进入者进入市场。令人惊讶的是，进入者而不是在位者，可以利用这些信息。但是，这与共同信息信号传递下的均衡概念一致。直观地，在位者完全知道进入者的质量是大家都知道的事。这一事实给了进入者一个动机来充分利用在位者的信息战略。

3. 混同均衡

这一小节，我们转而求解不完全信息下此模型的混同均衡。如前文一样，首先，我们考察在位者无法观察到进入者质量的情况。其次，我们考察在位者已知进入者质量的情况。

在一个混同均衡中，任一质量类型的进入者都采用相同的策略，$P_E^* = P_E^*(H) = P_E^*(L)$。不知情的消费者和在位者无法从这些策略中获得质量信息，并且拥有共同的信念 $b(P_I^*, P_E^*) = \theta$。假设不知情的消费者在非均衡路径上的信念如下：对于所有 P_I，$b(P_I, P_E^*) = \theta$；对于 $P_E \neq P_E^*$，$b(P_I^*, P_E) = 0$。然后，我们构建了一个两种进入者的任一类型都选择混同策略的混同均衡。

命题 6 考察静态不完全信息博弈。

如果 $\pi_E^L(P_I^*, P_E^*, \theta) \geqslant \pi_E^L(P_I^*, P_E(L), 0)$，$\pi_E^H(P_I^*, P_E^*, \theta) \geqslant \pi_E^H(P_I^*, P_E(H), 0)$，$P_I^* = \dfrac{t + P_E^* - \beta\theta}{2}$，且消费者在均衡和非均衡路径的信念设定如下：对于所有 P_I，

[①] 当 $\dfrac{3t\beta - 2c^2 - (\beta+c)^2}{(\beta+c)^2} < x \leqslant \dfrac{6t\beta - 2\beta^2 - 12c^2 - 10\beta c + 2\beta\sqrt{9t^2 + 3t\beta + 6tc - 2\beta^2 - 8c^2 - 8\beta c}}{3(\beta+2c)^2}$

时，这个均衡无法通过直观标准。

$b(P_I,P_E^*)=\theta$；对于 $P_E\neq P_E^*$，$b(P_I^*,P_E)=0$，那么 (P_I^*,P_E^*) 是一个混同均衡组合。

现在我们转到另一种情形，即在位者完全知晓进入者的质量。同样，当 $P_I^*=P_I^*(H)=P_I^*(L)$ 和 $P_E^*=P_E^*(H)=P_E^*(L)$ 成立时，混同出现。在一个混同均衡中，$b(P_I^*(H),P_E^*(H))=b(P_I^*(L),P_E^*(L))=\theta$。假设非均衡路径的信念给定如下：当 $P_I\neq P_I^*$ 时，$b(P_I,P_E^*)=\theta$；当 $P_E\neq P_E^*$ 时，$b(P_I^*,P_E)=0$。然后，我们就有了跟设定 1 中相同的混同均衡。

命题 7 考察静态不完全信息博弈。

如果 $\pi_E^L(P_I^*,P_E^*,\theta)\geqslant\pi_E^L(P_I^*,P_E(L),0)$，$\pi_E^H(P_I^*,P_E^*,\theta)\geqslant\pi_E^H(P_I^*,P_E(H),0)$，$P_I^*=\dfrac{t+P_E^*-\beta\theta}{2}$，且消费者在均衡和非均衡路径上的信念设定如下：对于所有 P_I，$b(P_I,P_E^*)=\theta$；当 $P_E\neq P_E^*$ 时，$b(P_I^*,P_E)=0$，那么 (P_I^*,P_E^*) 是一个混同均衡组合。

但是，非均衡路径上的消费者信念定义的更大的自由程度，使得有额外的混同均衡存在的可能。假设消费者信念具有以下形式：当 $P_I\neq P_I^*$ 时，$b(P_I,P_E^*)=1$；当 $P_E\neq P_E^*$ 时，$b(P_I^*,P_E)=0$。我们可能发现更多的两家公司同时混同的均衡。

命题 8 考察静态不完全信息博弈。

如果 $\pi_E^H(P_I^*,P_E^*,\theta)\geqslant\pi_E^H(P_I^*,P_E(H),0)$，$\pi_E^L(P_I^*,P_E^*,\theta)\geqslant\pi_E^L(P_I^*,P_E(L),0)$，$\pi_I^L(P_I^*,P_E^*,\theta)\geqslant\pi_I^L(P_I(L),P_E^*,1)$，$\pi_I^H(P_I^*,P_E^*,\theta)\geqslant\pi_I^H(P_I(H),P_E^*,1)$，且消费者在均衡和非均衡路径上的信念设定如下：$b(P_I^*,P_E^*)=\theta$；当 $P_I\neq P_I^*$ 时，$b(P_I,P_E^*)=1$；当 $P_E\neq P_E^*$ 时，$b(P_I^*,P_E)=0$；那么 (P_I^*,P_E^*) 是一个混同均衡组合。

三、两种设定的比较分析

通过上文的分析可得，在设定 2 中模型存在两个额外的均衡。当知情消费者占比是中等水平时①，存在一个均衡，均衡时在位者选择分离价格而进入者选择混同。当知情消费者比例足够大时，进入者不再选择混同，两家公司选择价格时就好像是他们拥有完全信息。我们证明了，不完全信息不是进入受挫的原因。然而，在设定 2 中，我们发现了一个均衡，其中进入者 L（而不是 H）的进入行为变得更容易。我们可能期望在位者

---

① 注意，当知情消费者的占比非常小时，混同均衡出现。

可以从这类私人信息中获利。但令人惊讶的是，在位者拥有的关于进入者质量的内部信息，仅仅对进入者有用，并且如果 t 非常小，它可能使得在位者的境况更差。[①] 因此，对在位者而言，当竞争很激烈时，最好不去使用这类信息。但是，这一结果是在共同信息下由我们的均衡概念所得出的。

第三节　一个数值的例子

在本节，我们分析均衡结果的合理性。假设 $c=0.1$，$\beta=1$，$t=10$，如果 $q=L$，那么唯一的纳什均衡价格是 $P_I^*(L)=10=P_E^*(L)$。每家公司得到一半的市场，每家公司的均衡利润都等于 5。如果 $q=H$，那么唯一的静态均衡价格是 $P_I^*(H)=9.7$ 和 $P_E^*(H)=10.4$。在位者和 H 的市场份额分别为 0.49 和 0.51。此外，两家公司的均衡利润分别为 $\pi_I^H(P_I^*(H),P_E^*(H))=4.7$，$\pi_E^H(P_I^*(H),P_E^*(H))=5.31$。

当 $x\geqslant 64$ 时，存在唯一的分离均衡，其中 $P_I^*(L)=10=P_E^*(L)$，$P_I^*(H)=9.7$，$P_E^*(H)=10.4$。如果 $q=L$，那么每家公司获得一半的市场，其均衡利润相同，都为 5；如果 $q=H$，在位者和 H 的市场份额分别为 0.49 和 0.51，其利润分别为 $\pi_I^H(P_I^*(H),P_E^*(H))=4.7$，$\pi_E^H(P_I^*(H),P_E^*(H))=5.31$。均衡利润与完全信息下的利润一致。

当 $10\leqslant x\leqslant 50.58$ 时，存在这一类型的唯一均衡，其中 $P_I^*(L)=P_I^*(H)=P_I^*=10$，$P_E^*(L)=10$，$P_E^*(H)=11$。不管进入者是低质量的还是高质量的，每家公司都拥有一半市场。如果 $q=L$，那么两家公司的均衡利润相同，均为 5；如果 $q=H$，那么两家公司的均衡利润分别为 $\pi_I^H(P_I^*(H),P_E^*(H))=5$，$\pi_E^H(P_I^*(H),P_E^*(H))=5.45$。这里，我们看到，进入者 H 或 L 在这一均衡中的利润高于或者至少等于在完全信息基准下 H 或 L 的利润。因此，不完全信息下，L 的进入不会受挫，而 H 的进入会变得更容易。

当 $23.78\leqslant x\leqslant 27.31$ 时，存在这一类型的唯一均衡，其中 $P_E^*(L)=P_E^*(H)=P_E^*=10.4$，$P_I^*(L)=10.8$，$P_I^*(H)=9.7$。如果 $q=L$，那么在位者和进入者的市场份额分别为 0.48 和 0.52，对应的利润分别为 $\pi_I^L(P_I^*(L),P_E^*(L))=5.18$，

---

①　当 $3t>2(\beta+2c)$ 时，$\left(\dfrac{1}{2}-\dfrac{\beta+2c}{6t}\right)\left[t+\dfrac{2(\beta+2c)}{3}\right]>\dfrac{t}{2}$。

$\pi_E^L(P_I^*(L), P_E^*(L)) = 5.41$；如果 $q = H$，那么在位者和 H 的市场份额分别为 0.49 和 0.51，两家公司的利润分别为 $\pi_I^H(P_I^*(H), P_E^*(H)) = 4.7$，$\pi_E^H(P_I^*(H), P_E^*(H)) = 5.31$。注意，在这个均衡中，进入者 H 的利润与完全信息下的利润相同，但是进入者 L 比在完全信息下获得的利润更多。因此，在不完全信息下，H 的进入不会受挫，而 L 的进入会变得更容易。

通过比较数值分析的结果，我们发现，当在位者面对低质量的进入者时，利用信息战略可能使得在位者的境况更好。同时，当面对高质量进入者时，信息战略可能使得在位者的境况恶化。

更进一步，如果我们假设消费者的先验信念 $\theta = 0.5$，知情消费者与不知情消费者的比值 $x = 0.8$，那么在两种设定里都会有混同均衡。此外，我们在设定 2 中可获得额外的混同均衡，这是因为非均衡路径的信念定义的自由程度扩大了。

我们的数值案例证明了每种类型的均衡存在的唯一性。当知情消费者与不知情消费者的比值很小时，混同均衡出现；当知情消费者与不知情消费者的比值很大时，分离均衡出现。在某些范围内，不同类型的均衡可能共存。

第四节　两种市场的对比分析：无产品差异化与产品差异化

下面的分析中，我们将没有水平差异化的市场称为同质商品市场，将存在水平差异化的市场称为异质商品市场。

在设定 1 中，进入者和一些消费者知道进入者的质量，存在一个分离均衡。在这个均衡中，L 可能进入也可能不进入市场，但是当 $P_E^*(H) = U_H - U_L + c_L$ 时，H 只能吸引知情消费者。因此，均衡中 H 的利润比完全信息情况下的低。这是因为，在完全信息下，H 以价格 $P_E^*(H) = U_H - U_L + c_L$ 赢得整个市场。因此，信息产品差异是 H 的进入壁垒。这一均衡结果与我们在异质性市场中得到的分析结果不同。在异质性市场的模型中，我们发现高质量的进入者可以从不完全信息中获益。高质量的进入者在不完全信息下可以获得比在完全信息下更多的利润。此外，我们还发现，低质量进入者在不完全信息下的利润与其在完全信息下的利润一致。因此，我们得出结论，高质量进入者进入差异化的经验品市场是有利的。对这种差异的解释是,在一个同质化的市场竞争中,低质量进入者获得零利润,因此高质量进入者不得不设定一个低于低质量进入者的边际成本的价格来阻止低质量进入者的模仿行为。但是,高质量进入者不愿意设定低于其自身边际成本的价格,而这一价格要高于低质量进入者的边际成本。因此,只要存在不知情的消费者,那么即使存在知情消费者也无法阻止此类模仿行为。尽管低质量进入者会因为模仿高质量进入者而失去所有知情消费者,但它可以通过模仿高质量,设定一个高于高质量进入者的边际成本的价格来从不知情消费者身上获益,并获得正利润。但是,如果低质量进入者不模仿高质量进入者,均衡时,它会赢得整个市场但是获得零利润。因此,在知情消费者身上的损失对于低质量进入者而言并不重要。相比较而言,在一个差异化的商品市场中,每家公司拥有市场力量,可设定一个高于边际成本的价格,并在均衡时获得正利润。对进入者质量知情的消费者的存在和高定价,可以阻止低质量对手的模仿高质量行为。这是因为通过模仿,低质量进入者在知情消费者上的损失远远高于高质量对手。或者说,低质量进入者通过模仿高质量进入者设定高价格会失去更多知情消费者,并且当进入者为低质量时,它在边际消费者身上损失的利润更多。

同质化竞争下,完全信息的结果无法获得。也即,$P_I^*(L)=c_L=P_E^*(L);P_I^*(H)=c_L,P_E^*(H)=U_H-U_L+c_L$。$L$ 和在位者的市场份额无法确定。H 赢得整个市场份额。但是,在一个差异化产品市场中,当知情消费者与不知情消费者的比值足够大时,我们可获得与完全信息下一致的结论。同样地,大量知情消费者的存在,阻止了低质量进入者模仿高质量。但是,因为均衡时低质量进入者将价格设定在其边际成本,所以知情消费者的存在在同质化市场中没有起到作用。低质量进入者会倾向于模仿高质量进入者,它会通过设定一个高价格而从不知情消费者身上获益。此外,在均衡中,因为 $P_E^*(H)\neq P_E^*(L)$,分离均衡出现,在位者混同,所以信息"搭便车"对进入者来说是不可能的。因此,在这个均衡中,要求无偏信念也不应该受影响。进入者没有办法利用在位者的均衡策略。当 H 选择高于 c_H 的价格 $P_E^*(H)=U_H-U_L+c_L$ 时,所有知情消费者会向 H 购买。但是如果所有不知情消费者也向 H 购买,L 总是有模仿动机的,原因在于这么做可以赢得所有不知情的消费者并获得正利润。如此,H 在均衡中仅赢得知情消费者。因此,我们无法实现完全信息下 H 赢得整个市场的均衡结果。

在一个同质化的商品市场中,当不知情消费者的比例很低时,存在一个分离均衡,其中在位者的价格可以传递有关进入者真实质量的信息,

$P_I^*(L)=U_H-U_L+c_L$，$P_I^*(H)=c_L$，$P_E^*(H)=U_H-U_L+c_L$。H 的利润与其在完全信息博弈下的利润一致，而 L 的利润比其在完全信息下的利润更高。因此，不完全信息促进了 L 的进入，但是对于 H 的进入没有影响。这一结果与在异质性商品市场下的结论一致，当 t 较小时，在位者的境况可能因为信息策略而恶化。当知情消费者与不知情消费者的比例处于中等水平时，在位者的高价格信号传递进入者出售低质量产品，或其低价格信号传递进入者出售高质量产品。此类型均衡背后的逻辑是，如果在位者设定高价格传递进入者的高质量，那么在位者会失去一个更大比例的边际消费者，并且获得一个更小比例的超边际消费者。这将促使在位者降低其价格以赢得更大的市场份额。相反，在位者将会偏好一个高价格来传递进入者的低质量，原因在于当进入者出售低质量产品时，在位者会有一个相对较大的市场份额，在位者有动机通过设定一个高价格来获得相对较高的利润率。因此结论是，当存在一些消费者对进入者质量知情时，在位者的高价格信号传递进入者的低质量。直观地，当进入者质量实际上是高的时，在位者通过设定高价格来误导不知情的消费者，那么如果知情消费者越多，在位者的损失也就越多。因此，高价格和一些知情消费者的存在确保了分离均衡的出现。表 3-1 和表 3-2 给出了不同信息结构的假设下的均衡特点。

表 3-1　无水平差异化市场的均衡

信息结构	均衡类型	均衡特点
完全信息	纳什均衡	$P_I^*(L)=c_L=P_E^*(L)$，$P_I^*(H)=c_L$，$P_E^*(H)=U_H-U_L+c_L$，L 和在位者的市场份额不确定，H 进入并且赢得整个市场。
不完全信息	分离均衡	**设定 1** $P_I^*=c_L$，$P_E^*(L)=c_L$，$P_E^*(H)=U_H-U_L+c_L$，L 是否进入市场不确定，H 仅仅吸引知情消费者。信息产品差异化是 H 的进入壁垒。
		设定 2 $P_I^*(H)=P_I^*(L)=P_E^*(L)=c_L$，$P_E^*(H)=U_H-U_L+c_L$。$L$ 是否进入不确定，H 仅仅吸引知情消费者。信息产品差异化是 H 的进入壁垒。 $P_I^*(L)=U_H-U_L+c_L$，$P_I^*(H)=c_L$，$P_E^*(H)=P_E^*(L)=U_H-U_L+c_L$，知情消费者占比很小。$H$ 赢得整个市场，而 L 仅能吸引不知情消费者。信息产品差异化不是进入壁垒。

信息结构	均衡类型	均衡特点
不完全信息	混同均衡	**设定 1** $P_I^* = c_L$, $P_E^* = P_E^*(H) = P_E^*(L) = U_\theta - U_L + c_L$,所有消费者是不知情的,在位者获得整个市场。 $c_L \leqslant P_I^* \leqslant P_E^*$, $c_H \leqslant P_E^* \leqslant U_\theta - U_L + c_L$, $P_E^* = P_E^*(H) = P_E^*(L)$,知情消费者占比很小。$H$ 赢得整个市场,而 L 吸引所有不知情的消费者。 **设定 2** $P_I^* = c_L$, $P_E^* = P_E^*(H) = P_E^*(L) = U_\theta - U_L + c_L$,所有消费者是不知情的,在位者赢得整个市场。 $P_I^*(H) = P_I^*(L) = c_L$, $P_E^*(H) = P_E^*(L) = U_H - U_L + c_L$,所有消费者是不知情的,在位者赢得整个市场。 $c_L \leqslant P_I^* \leqslant P_E^*$, $c_H < P_E^* \leqslant U_\theta - U_L + c_L$, $P_I^* = P_I^*(H) = P_I^*(L)$, $P_E^* = P_E^*(H) = P_E^*(L)$,知情消费者占比很小。如果进入者是 H,在位者失去所有消费者;如果进入者是 L,在位者赢得所有知情消费者。

表 3-2　有水平差异化市场的均衡

信息结构	均衡类型	均衡特点
完全信息	纳什均衡	$P_I^*(L) = t = P_E^*(L)$, $P_I^*(H) = t + \dfrac{c-\beta}{3}$, $P_E^*(H) = t + \dfrac{2c+\beta}{3}$。
不完全信息	分离均衡	**设定 1** $P_I^* = t$, $P_E^*(L) = t$, $P_E^*(H) = t + \beta$,知情消费者的比例处于中等水平。信息产品差异化不是进入壁垒。 **设定 2** $P_I^*(L) = t = P_E^*(L)$, $P_I^*(H) = t + \dfrac{c-\beta}{3}$, $P_E^*(H) = t + \dfrac{\beta+2c}{3}$,知情消费者的占比很大。信息产品差异化不是进入壁垒。 $P_I^*(L) = P_I^*(H) = P_I^* = t$, $P_E^*(L) = t$, $P_E^*(H) = t + \beta$,知情消费者的占比处于中等水平。信息产品差异化不是进入壁垒。 $P_E^*(L) = t + \dfrac{\beta+2c}{3}$, $P_I^*(L) = t + \dfrac{2(\beta+2c)}{3}$, $P_I^*(H) = t + \dfrac{c-\beta}{3}$,知情消费者的占比处于中等水平。信息产品差异化不是进入壁垒。

续表

信息结构	均衡类型	均衡特点
不完全信息	混同均衡	设定 1 $\pi_E^L(P_I^*,P_E^*,\theta)\geqslant\pi_E^L(P_I^*,P_E(L),0)$, $\pi_E^H(P_I^*,P_E^*,\theta)\geqslant\pi_E^H(P_I^*,P_E(H),0)$, $P_I^*=\dfrac{t+P_E^*-\beta\theta}{2}$。
		设定 2 $\pi_E^L(P_I^*,P_E^*,\theta)\geqslant\pi_E^L(P_I^*,P_E(L),0)$, $\pi_E^H(P_I^*,P_E^*,\theta)\geqslant\pi_E^H(P_I^*,P_E(H),0)$, $P_I^*=\dfrac{t+P_E^*-\beta\theta}{2}$。 $\pi_E^H(P_I^*,P_E^*,\theta)\geqslant\pi_E^H(P_I^*,P_E(H),0)$, $\pi_E^L(P_I^*,P_E^*,\theta)\geqslant\pi_E^L(P_I^*,P_E(L),0)$, $\pi_I^L(P_I^*,P_E^*,\theta)\geqslant\pi_I^L(P_I(L),P_E^*,1)$, $\pi_I^H(P_I^*,P_E^*,\theta)\geqslant\pi_I^H(P_I(H),P_E^*,1)$。

第五节　小　结

我们的分析表明,在一个差异化的商品市场中,当只有一些消费者知晓进入者的质量,且所有消费者知晓在位者的质量时,进入者的高价格才可以传递其高质量信号,且低价格时会传递其低质量信号。均衡中,进入者的信息劣势实际上鼓励了高质量进入者的进入,但同时也不是低质量进入者的进入壁垒。相较于完全信息下的结果,不完全信息下,比如当只有一些消费者知晓进入者的质量时,结果更好,原因在于高质量进入者和在位者都可以获得更高的利润。这一结论与 Bagwell(1990)的结论相反,他的结论是,信息劣势使得高质量进入者受挫,从而导致其境况恶化。对于进入者质量知情的消费者的存在,是在位者混同而进入者选择分离价格这一类型分离均衡,唯一存在的一个关键因素。直观地,当与一个低质量在位者竞争时,低质量的进入者通过模仿高质量竞争者而设定高价格,总是可以从不知情消费者身上获得更高的利润率。但是,高价格可以阻止低质量进入者模仿高质量,这是因为高价格使得低质量进入者损失了更多对知情消费者的销售量,且这一销售量所造成的损失对于低质量和低成本的进入者而言更严重。这一结果也与 Bagwell 等(1991)的结论不同,他们得到的结论是，即使所有消费者不知情，垄断者也可以通过一个足够高的价格来传递其高质量。这是因为，如此高的价格造成的销售损失对于一个高成本和高质量的生产者来说严重程度比较低。这两个结论的不同缘于我们要求市场是完全覆盖的。此要求意味着，当消费者向任何一家公司购买时，消费者的效用是非负的，因而每个消费者会购买1单位产品。在这一假设下，我们的均衡中不会出现足够高的价格和 t。

当在位者了解进入者的质量时，存在两个额外的均衡。第一个均衡揭示了，当知情消费者的占比足够大时，可以得到完全信息竞争下的结论。基于进入者的质量水平，公司像是在完全信息下那样选择不同的价格。此外，这是公司同时选择分离价格这一类型的唯一均衡。这里的主要理论依据是，两家公司尝试传递共同信息，不知情消费者可以通过进入者或在位者的价格了解到进入者的质量。低质量的进入者不会假装自己是高质量的，理由是当知情消费者的占比足够大时，其在知情消费者身上蒙受的损失会超过从不知情消费者身上得到的收益。因此，与完全信息基准相比，存在知情在位者情况下的不完全信息对于进入行为没有影响。这一额外的均衡可以与我们在同质商品市场上的分析形成对比。在同质商品市场中，我们没能实现完全信息下高质量进入者赢得整个市场的结果。这一解释是，在一个竞争非常激烈的环境中，无论进入者的质量水平是高的还是低的，在位者都会选择等于其边际成本的价格来保住市场。因此，当在位者的混同价格为其边际成本时，无偏信念没有力量。

第二个额外均衡的结果表明，当一定比例的消费者知道进入者的质量时，在位者的低价格传递进入者是高质量的信号，反之亦然。直观地，当面对一个高质量的进入者时，知情消费者越多，在位者越偏好一个相对低的价格。因此，如果进入者实际是高质量的，当知情消费者的占比接近某一临界值时，高价格可以阻止在位者误导消费者使其相信进入者是低质量的。对比完全信息下的结论，高质量进入者的利润不变，而低质量进入者的利润有所上升。这表明，在位者的信息策略使得低质量进入者的进入行为变得有利。特别是，如果 t 非常小，那么在位者可能无法从知道进入者的质量这一私人信息获益。这与同质商品市场的结论一致。有意义的结论是，如果竞争激烈，在位者不应该使用信息优势，原因在于它的分离价格会帮助进入者，使得消费者相信进入者具有高质量。

第三章附录

命题 1 证明

命题 1 的证明很简单,这里省略。

命题 2 证明

首先,我们证明,没有公司有动机偏离,所提议的价格策略形成一个均衡。分离均衡的一个必要条件是,L 偏好不去模仿 H 选择的价格。给定 $P_I^* = t$,这一要求产生了条件 $P_E \geqslant \dfrac{2t + \dfrac{\beta}{1+x} + \sqrt{\left(\dfrac{\beta}{1+x}\right)^2 + 4t\dfrac{\beta}{1+x}}}{2} = \bar{P}_E$。

如果 $x \geqslant \dfrac{t}{\beta}$,那么 $P_E^*(H) = t + \beta \geqslant \bar{P}_E$。因此,如果 $x \geqslant \dfrac{t}{\beta}$,一个偏离价格为 P_E,其中 $P_E \geqslant P_E^*(H) = t + \beta$,即使这样的价格可以让所有不知情消费者相信它出售高质量产品,对 L 而言也是不可取的。L 也不会偏离到任何价格 $P_E < P_E^*(H) = t + \beta$,其中 $P_E \neq P_E^*(K) = t$。任何价格 $P_E < P_E^*(H) = t + \beta$ 使得所有不知情消费者相信它出售低质量产品。在这一信念下,给定在位者的均衡价格,L 的最好价格是 $P_E^*(L) = t$。因此,L 没有动机偏离其均衡价格策略。我们现在证明,H 也不存在有利可图的偏离。首先,如图 3-1 所示,H 绝不会偏离到任何价格 $P_E > P_E^*(H) = t + \beta$。给定 $P_I^* = t$,假设所有消费者知道其质量,H 的最优价格是 $\hat{P}_E = t + \dfrac{\beta + c}{2}$,相应的利润由等利润曲线 I_1 表示。H 在价格等于 $P_E^*(H) = t + \beta$ 时的利润可用等利润曲线 I_2 表示,这条曲线低于 I_1,但是高于 I_3。其中,I_3 是 H 偏离到任何价格 $P_E > P_E^*(H) = t + \beta$ 时的等利润曲线。因此,H 不可能通过偏离到价格 $P_E > P_E^*(H) = t + \beta$ 而获利。其次,我们证明,H 也不会偏离到任何低于 $P_E^*(H) = t + \beta$ 的价格。假设不知情的消费者在观察到一个偏离价格 $P_E < P_E^*(H) = t + \beta$ 后,相信进入者出售低质量的产品。如果 H 偏离到价格 $P_E < P_E^*(H) = t + \beta$,给定 $P_I^* = t$,那么 H 的需求函数是 $\left(1 - \dfrac{P_E - \beta}{2t}\right)\dfrac{x}{1+x} + \left(1 - \dfrac{P_E}{2t}\right)\dfrac{1}{1+x}$,对应的利润函数是 $\left[\left(1 - \dfrac{P_E - \beta}{2t}\right)\dfrac{x}{1+x} + \left(1 - \dfrac{P_E}{2t}\right)\dfrac{1}{1+x}\right](P_E - c)$。最优可能的偏离价格是 P_E

$=t+\dfrac{\beta x}{2(1+x)}+\dfrac{c}{2}$。如果 $\dfrac{t}{\beta}\leqslant x\leqslant\dfrac{2t\beta+\beta c-c^2+2\beta\sqrt{t(t+\beta-c)}}{(\beta-c)^2}$，这样的最

大化利润小于或等于 $\pi_E^H(P_I^*,P_E^*(H))=\dfrac{t+\beta-c}{2}$。因此，$H$ 也会选择其均

衡价格。容易证明，给定消费者信念：对于所有 $P_I,b(P_I,P_E^*(L))=0$；对于

所有 $P_I,b(P_I,P_E^*(H))=1$，在位者没有动机偏离。换句话说，消费者可以

准确地从进入者均衡价格中推断出其质量。在位者的价格 $P_I^*=t$ 反映了

其对进入者均衡策略的最优反应。

其次，我们证明，这是这一类型的唯一均衡。如图 3-1 所示，假设我们

有一个分离均衡，用 A 点和 B 点来表示。那么对于所有 $P_I,b(P_I,P_E^*(L))$

$=0$ 成立。当知道消费者依然会通过进入者的分离价格推断出进入者的质

量时，在位者会从 A 点偏离到 C 点。上述讨论表明，上面提出的由 A 点或

B 点所代表的分离均衡无法成为一个均衡。实际上，类似的讨论剔除了所

有这种类型的分离均衡，其中 $P_I^*\neq t$ 和 $P_E^*(L)\neq P_E^*(H)$。因此，我们可以

得出结论，这是此类型的唯一均衡。

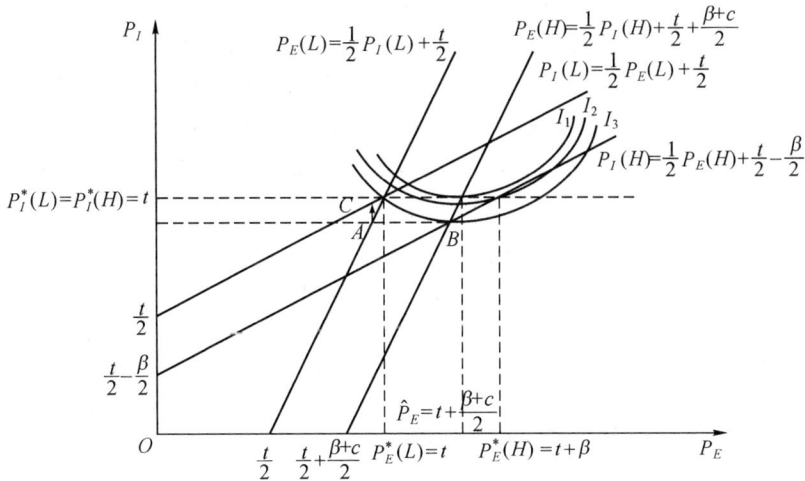

图 3-1　设定 1 的分离均衡

最后，我们证明，当且仅当 $\dfrac{t}{\beta}=x\leqslant\dfrac{2t\beta+\beta c-c^2+2\beta\sqrt{t(t+\beta-c)}}{(\beta-c)^2}$，

$P_E^*(H)=t+\beta=\overline{P}_E$，上述均衡可以通过直观标准精炼。如上文所述，如

果 $\dfrac{t}{\beta}<x\leqslant\dfrac{2t\beta+\beta c-c^2+2\beta\sqrt{t(t+\beta-c)}}{(\beta-c)^2}$，那么 $P_E^*(H)=t+\beta>\overline{P}_E$，其中

$$\bar{P}_E = \frac{2t + \dfrac{\beta}{1+x} + \sqrt{\left(\dfrac{\beta}{1+x}\right)^2 + 4t\dfrac{\beta}{1+x}}}{2}$$

。前面说过,不管消费者信念如

何,L 绝对不会偏离到任何价格 $P_E(\bar{P}_E < P_E < P_E^*(H))$。因此,任何价格 $P_E(\bar{P}_E < P_E < P_E^*(H))$ 是 L 的均衡劣势策略,但是这一说法对 H 而言是不正确的。根据直观标准,任何观察到的价格 $P_E(\bar{P}_E < P_E < P_E^*(H))$,都应该使得不知情消费者相信进入者出售高质量产品。这表明,H 可能存在一个有利的价格偏离。实际上,任何价格 P_E,其中 $\bar{P}_E < P_E < P_E^*(H)$,且与 $\hat{P}_E = t + \dfrac{\beta + c}{2}$ 值相近,即当所有消费者知情时,H 的利润最大化价格是可能的有利偏离。因此,当 $\dfrac{t}{\beta} < x \leqslant \dfrac{2t\beta + \beta c - c^2 + 2\beta\sqrt{t(t+\beta-c)}}{(\beta-c)^2}$ 时,提出的均衡无法通过 Cho 等(1987)的直观标准。但是如果 $P_E^*(H) = t + \beta = \bar{P}_E$,对 L 和 H 而言,不存在均衡劣势策略,那么提出的均衡可以满足直观标准。

命题 3 证明

给定 H 的价格 $P_E^*(H)$ 和消费者信念,即对于所有 $P_I, b(P_I, P_E^*(H)) = 1$,$P_I^*(H)$ 最大化在位者的利润;如果进入者是 L,给定消费者信念,即对于所有 $P_I, b(P_I, P_E^*(L)) = 0$,$P_I^*(L)$ 是对 $P_E^*(L)$ 的最好反应。因此,在位者不会偏离。然后,我们证明,如果进入者是 H,它不会偏离其均衡价格。给定消费者信念,即对于 $P_E \neq P_E^*(L), b(P_I^*(H), P_E) = 1$,那么 $P_E^*(H)$ 是对 $P_I^*(H)$ 的最好反应,因此偏离价格 $P_E \neq P_E^*(L)$,对 H 而言是无利可图的。另一个对 H 而言可能有利的偏离利润是模仿进入者 L,将其价格定在 $P_E = P_E^*(L) = t$。如果我们利用非均衡路径上的信念的任意性,认定 $b(P_I^*(H), P_E^*(L)) = 0$,那么给定 $P_I^*(H)$,其市场份额为 $\dfrac{1}{1+x}\left(\dfrac{1}{2} + \dfrac{c-\beta}{6t}\right) + \dfrac{x}{1+x}\left(\dfrac{1}{2} + \dfrac{2\beta+c}{6t}\right)$。因而 H 的利润为 $\pi_E^H(P_I^*(H), P_E) = \left[\dfrac{1}{1+x}\left(\dfrac{1}{2} + \dfrac{c-\beta}{6t}\right) + \dfrac{x}{1+x}\left(\dfrac{1}{2} + \dfrac{2\beta+c}{6t}\right)\right](t-c)$。如果 $x < -\dfrac{(\beta-c)^2 + 3t(2\beta+c) + 3(\beta-c)(t-c)}{3c(c+2\beta) + (\beta-c)^2}$,这一偏离利润可能高于 $\pi_E^H(P_I^*(H), \pi P_E^*(H)) = \dfrac{t}{2}\left(1 - \dfrac{c-\beta}{3t}\right)^2$。由于 x 是一个非负数,因此这样的偏离是不可取的。所以,H 没有偏离动机。现在,我们检验,当进入者是 L 时,它在 $x \geqslant \dfrac{9t\beta + 2(\beta-c)(\beta+2c)}{(\beta+2c)^2}$ 时,是否也不会偏离。给定 $P_I^*(L) = t$,且当 $P_E \neq P_E^*(H)$ 时,$b(P_I^*(L), P_E) = 0$,对于任何偏离价格 $P_E, P_E \neq$

$P_E^*(H)$ 是不可取的，原因在于 $P_E^*(L)$ 是该信念结构下 L 的最优反应。同样，如果 L 通过设定价格 $P_E = P_E^*(H) = t + \dfrac{\beta+2c}{3}$ 以模仿进入者 H 的选择；但当 $x \geqslant \dfrac{9t\beta+2(\beta-c)(\beta+2c)}{(\beta+2c)^2}$ 时，这样的偏离也是不可取的。给定 $P_I^*(L) = t$ 和消费者信念：$b(P_I^*(L), P_E^*(H)) = 1$，如果 L 设定价格 $P_E = P_E^*(H)$，那么 L 的市场份额为 $\dfrac{1}{1+x}\left(\dfrac{1}{2} + \dfrac{\beta-c}{3t}\right) + \dfrac{x}{1+x}\left(\dfrac{1}{2} - \dfrac{\beta+2c}{6t}\right)$。最后的利润为 $\left[\dfrac{1}{1+x}\left(\dfrac{1}{2} + \dfrac{\beta-c}{3t}\right) + \dfrac{x}{1+x}\left(\dfrac{1}{2} - \dfrac{\beta+2c}{6t}\right)\right]\left(t + \dfrac{\beta+2c}{3}\right)$，当 $x \geqslant \dfrac{9t\beta+2(\beta-c)(\beta+2c)}{(\beta+2c)^2}$ 时，这一利润少于或等于 $\dfrac{t}{2}$。因此，L 也没有偏离的动机。

我们紧接着证明，以上提出的均衡可以通过无偏信念。[①] 极小法则要求：对于 $P_E \neq P_E^*(H)$，$b(P_I^*(L), P_E) = 0$；对于 $P_E \neq P_E^*(L)$，$b(P_I^*(H), P_E) = 1$；对于 $P_I \neq P_I^*(H)$，$b(P_I, P_E^*(L)) = 0$；对于 $P_I \neq P_I^*(L)$，$b(P_I, P_E^*(H)) = 1$。同时，开放性允许 $b(P_I^*(H), P_E^*(L))$ 接近于零，$b(P_I^*(L), P_E^*(H))$ 接近于1。因此，上述构建的均衡具有无偏信念。

接下来，我们证明这是此类型的唯一无偏均衡。考虑一类均衡，均衡中 $P_I^*(H) \neq P_I^*(L)$，$P_E^*(H) \neq P_E^*(L)$，且 $P_I^*(L) = P_E^*(L) \neq t$，$P_I^*(H) \neq t + \dfrac{c-\beta}{3}$，$P_E^*(H) \neq t + \dfrac{\beta+2c}{3}$。如图 3-2 所示，对于 $P_I^*(H) \neq P_I^*(L)$，$P_E^*(H) \neq P_E^*(L)$ 这种类型的均衡，假设 D 点对应于当进入者是低质量时的一组可能的价格组合。根据无偏信念，消费者有如下信念：$b(P_I^*(H), P_E^*(H)) = 1$，$b(\hat{P}_I(L), \hat{P}_E(L)) = 0$；对于 $P_E \neq P_E^*(H)$，$b(\hat{P}_E(L), P_E) = 0$；对于 $P_E \neq \hat{P}_E(L)$，$b(P_I^*(H), P_E) = 1$；对于所有 P_I，$b(P_I, \hat{P}_E(L)) = 0$；对于所有 P_I，$b(P_I, P_E^*(H)) = 1$。容易证明上述均衡不能成立，理由是在位者可以偏离到 E 点而获利。这反过来给了 L 进一步偏离的动机。这个例子证明，在一个两家公司都采用分离价格的均衡中，每家公司都可以搭对方信号的"便车"而获得一个有利可图的偏离。此外，如果两家公司的价格不是它们的最优反应，那么这一类"搭便车"行为

---

　　① 在无偏信念精炼下，极小法则应该得到满足。这意味着，如果在那种质量水平下，偏离价格组合可以通过均衡策略的最小数量的偏离来实现，那么消费者可以推断出进入者具有哪种质量水平（Bagwell 等，1991）。

57

一定会出现。这表明，在两家公司均选择分离价格的均衡中，上述提出的均衡是唯一可能的无偏均衡。

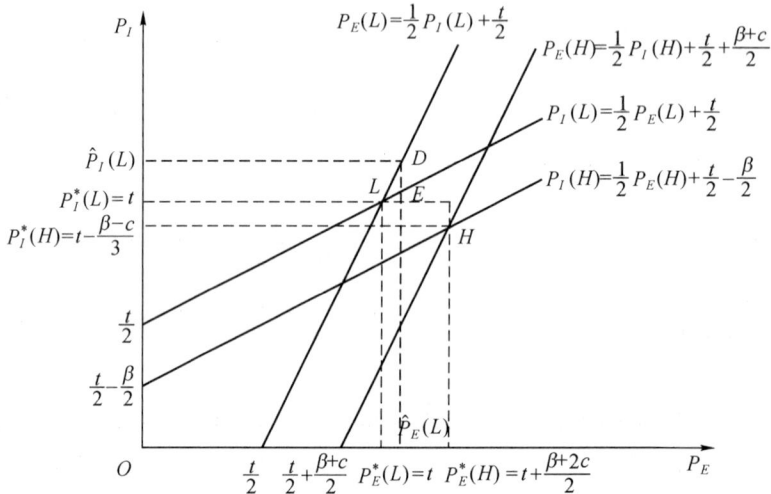

图 3-2　一个在位者和进入者的价格都传递信息的分离均衡

最后，我们需要检验，这一均衡是否满足直观标准。我们参照了一个 Bagwell 等(1991)提出的修正了的直观标准规范。[1]　正如我们的证明中所表明的，点$(P_I^*(H), P_E^*(L))$是 H 而不是 L 的均衡劣势策略，因此我们有 $b(P_I^*(H), P_E^*(L))=0$。同样地，点$(P_I^*(L), P_E^*(H))$是 L 而不是 H 的均衡劣势策略，因此我们有 $b(P_I^*(L), P_E^*(H))=1$。这里描述的信念与上文提到的均衡中构建的信念一致。因此，这一均衡可以通过直观标准的检验。

命题 4 证明

请注意，在这一均衡中，无论进入者具有怎样的质量类型，在位者都选择混同。因此，无法确保它的价格分离。这一情形与设定 1 一致。因此，我们有与命题 2 中提出的一样的分离均衡。因此，此证明省略。

命题 5 证明

首先，我们证明，在构建的均衡中，公司都没有动机偏离。如果进入者是 L，在消费者信念为 $b(P_I^*(L), P_E)=0$ 的情况下，$P_E^*(L)=$

_____

① 这旨在不引起有偏信念的情况下加强开放性条件。特别是，当极小法则不适用时，我们将假设，消费者会在劣势均衡价格所对应的质量类型上施加一个较小的权重(Bagwell 等 1991)。

$t+\dfrac{\beta+2c}{3}$ 是对 $P_I^*(L)$ 的最优反应；如果进入者是 H，且消费者具有如

下信念：对于所有 P_E，$b(P_I^*(H),P_E)=1$，$P_E^*(H)=t+\dfrac{\beta+2c}{3}$ 是对

$P_I^*(H)$ 的最优反应。因此，这两种类型的进入者不会偏离。现在，我们需要检验在位者也不会偏离。首先，证明如果进入者是 H，在位者没有动机声称自己观察到的是 L。为了消除这一动机，等式 $\pi_I^L(P_I,P_E^*(H))\leqslant$

$\pi_I^H(P_I^*(H),P_E^*(H))=\dfrac{t}{2}\left(1+\dfrac{c-\beta}{3t}\right)^2$ 必须成立，其中 $\pi_I^L(P_I,P_E^*(H))=$

$P_I\left\{\left[\dfrac{1}{2}+\dfrac{t+\dfrac{\beta+2c}{3}-P_I-\beta}{2t}\right]\dfrac{x}{1+x}+\left[\dfrac{1}{2}+\dfrac{t+\dfrac{\beta+2c}{3}-P_I}{2t}\right]\dfrac{1}{1+x}\right\}$。因此，如

果 $P_I\geqslant\hat{P}_I=\dfrac{2t+\dfrac{\beta+2c}{3}-\dfrac{\beta x}{1+x}+\sqrt{\left(2t+\dfrac{\beta+2c}{3}-\dfrac{\beta x}{1+x}\right)^2-4t^2\left(1+\dfrac{c-\beta}{3t}\right)^2}}{2}$，

其中临界值 $\hat{P}_I$ 是通过求解上述不等式得到的，因此在位者不会在观察到进入者是 H 后误导不知情消费者使其相信进入者是 L。当 $x<-1$ 或 $x\geqslant$

$\dfrac{3t\beta-2c^2-(\beta+c)^2}{(\beta+c)^2}$ 时，$P_I^*(L)=t+\dfrac{2(\beta+2c)}{3}\geqslant\hat{P}_I$。由于 x 是非负数，所以

舍去 $x<-1$。如果 $x\geqslant\dfrac{3t\beta-2c^2-(\beta+c)^2}{(\beta+c)^2}$，给定消费者信念，即对于 P_I

$\geqslant P_I^*(L)$，$b(P_I,P_E^*)=0$，当观察到 H，在位者不会从 $P_I^*(H)$ 偏离到任

何价格，$P_I>P_I^*(L)$。当 $P_I<P_I^*(L)=t+\dfrac{2(\beta+2c)}{3}$，$b(P_I,P_E^*)=1$

时，任何价格 $P_I<P_I^*(L)$，其中 $P_I\neq P_I^*(H)$，也不可能成为一个有利可图的偏离，理由是所有消费者相信进入者是 H，$P_I^*(H)$ 是在位者对

$P_E^*(H)$ 的最好反应。其次，我们检验，当面对 L 时，在位者也不会偏离

$P_I^*(L)$。如图 3-3 所示，I_1 是假设所有消费者知道进入者是 L 时，在位

者在价格为 $P_I=t+\dfrac{\beta+2c}{6}$ 时的等利润曲线。I_2 和 I_3 分别代表在位者

的价格为 $P_I^*(L)$ 和 $P_I>P_I^*(L)$ 时的等利润曲线。如图 3-3 所示，$I_1>$

$I_2>I_3$。因此，当观察到进入者是 L 时，在位者不会偏离到任何价格 P_I

$>P_I^*(L)$。最后，我们检验，当观察到 L 时，在位者不会偏离到任何价

格 $P_I<P_I^*(L)$。任何偏离价格 $P_I<P_I^*(L)=t+\dfrac{2(\beta+2c)}{3}$ 使得所有

不知情消费者相信进入者出售高质量产品。给定 $P_E^*(L)$，在位者需

求函数是 $\left(1-\dfrac{P_I}{2t}+\dfrac{\beta+2c}{6t}\right)\dfrac{x}{1+x}+\left(1-\dfrac{P_I+\beta}{2t}+\dfrac{\beta+2c}{6t}\right)\dfrac{1}{1+x}$，相应的

利润函数是 $P_I\left[\left(1-\dfrac{P_I}{2t}+\dfrac{\beta+2c}{6t}\right)\dfrac{x}{1+x}+\left(1-\dfrac{P_I+\beta}{2t}+\dfrac{\beta+2c}{6t}\right)\dfrac{1}{1+x}\right]$。

对在位者而言，最优可能偏离是 $P_I=t-\dfrac{\beta}{2(1+x)}+\dfrac{\beta+2c}{6}$。如果 $x\geqslant$

$$\dfrac{6t\beta-2\beta^2-12c^2-10\beta c-2\beta\sqrt{9t^2+3t\beta+6tc-2\beta^2-8c^2-8\beta c}}{3(\beta+2c)^2}\quad\text{和}\quad x\leqslant$$

$$\dfrac{6t\beta-2\beta^2-12c^2-10\beta c+2\beta\sqrt{9t^2+3t\beta+6tc-2\beta^2-8c^2-8\beta c}}{3(\beta+2c)^2}\text{同时满足，那么}$$

最大利润小于或者等于 $\pi_I^L(P_I^*(L),P_E^*(L))$。可以证明下面的不等式成

立：$\quad\dfrac{6t\beta-2\beta^2-12c^2-10\beta c-2\beta\sqrt{9t^2+3t\beta+6tc-2\beta^2-8c^2-8\beta c}}{3(\beta+2c)^2}\quad<$

$\dfrac{3t\beta-2c^2-(\beta+c)^2}{(\beta+c)^2}$。因此，当面对低质量进入者，如果 $\dfrac{3t\beta-2c^2-(\beta+c)^2}{(\beta+c)^2}\leqslant$

$x\leqslant\dfrac{6t\beta-2\beta^2-12c^2-10\beta c+2\beta\sqrt{9t^2+3t\beta+6tc-2\beta^2-8c^2-8\beta c}}{3(\beta+2c)^2}$，在位者也

不会偏离。

其次，我们证明，这是进入者选择混同，而在位者采用分离策略情况下的唯一无偏均衡。如图 3-3 所示，假设有一个用点 F 和点 G 表示的分离均衡。对于所有 P_E，$b(P_I^*(L),P_E)=0$；对于所有 P_E，$b(P_I^*(H),P_E)=1$。也即，进入者可以依赖在位者的价格来传递自身的质量信号。这种搭在位者的价格信号的"便车"的行为，为 H 提供了一个有利可图的偏离。比如，H 在点 M 的境况会更好，H 知道消费者依然可以通过在位者的价格获知其质量，这意味着 H 可以通过提高价格来增加利润。上述讨论表明，由点 F 和点 G 组成的均衡不是一个无偏均衡。实际上，一个相似的讨论可以剔除所有 $P_I^*(L)\neq P_I^*(H)$，$P_E^*(L)=P_E^*(H)=P_E^*\neq t+\dfrac{\beta+2c}{3}$ 这一类的分离均衡。因此，这是此类型的唯一的可以通过无偏信念的均衡。

最后证明，当且仅当 $x=\dfrac{3t\beta-2c^2-(\beta+c)^2}{(\beta+c)^2}$，$\hat{P}_I=P_I^*(L)$ 时，这一均衡可以通过直观标准。如果 $\hat{P}_I=P_I^*(L)$，没有策略是在位者面对 H 而不是 L 时的均衡劣势策略。因此，当 $\dfrac{3t\beta-2c^2-(\beta+c)^2}{(\beta+c)^2}=x\leqslant$

$$\frac{6t\beta-2\beta^2-12c^2-10\beta c+2\beta\ \sqrt{9t^2+3t\beta+6tc-2\beta^2-8c^2-8\beta c}}{3(\beta+2c)^2}$$ 时，上述提

出的均衡满足直观标准。但是，如果 $x>\dfrac{3t\beta-2c^2-(\beta+c)^2}{(\beta+c)^2}$，$\hat{P}_I<$ $P_I^*(L)$，那么任何价格 $P_I(\hat{P}_I\leqslant P_I\leqslant P_I^*(L))$，都是在位者面对 H 而不是 L 时的均衡劣势策略。因此，在观察到任何价格 $P_I(\hat{P}_I\leqslant P_I<$ $P_I^*(L))$ 的基础上，所有不知情消费者都应该相信进入者是 L。因此，当面对一个低质量的进入者时，任何价格 $P_I(\hat{P}_I\leqslant P_I<P_I^*(L))$，接近于 $t+\dfrac{\beta+2c}{6}$ 将可能是一个有利可图的偏离。因此，如果 $\dfrac{3t\beta-2c^2-(\beta+c)^2}{(\beta+c)^2}$

$$<\ x\ \leqslant\ \frac{6t\beta-2\beta^2-12c^2-10\beta c+2\beta\ \sqrt{9t^2+3t\beta+6tc-2\beta^2-8c^2-8\beta c}}{3(\beta+2c)^2},\ \hat{P}_I\ <$$

$P_I^*(L)$，那么提出的均衡不能通过直观标准精炼。

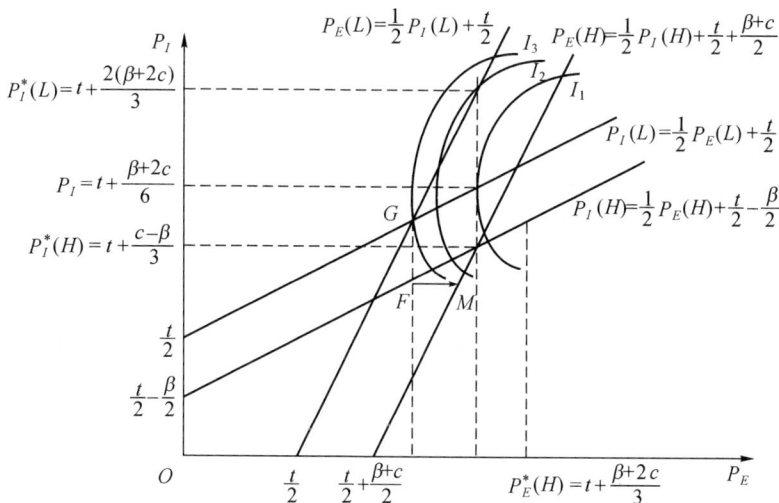

图 3-3 一个只有在位者价格传递质量信息的分离均衡

命题 6 证明

假设进入者是 L，给定在位者的价格 P_I^* 和上文分析中构建的信念，如果 $\pi_E^L(P_I^*,P_E^*,\theta)\geqslant\pi_E^L(P_I^*,P_E(L),0)$，那么 L 会偏好 P_E^*。注意，这里的 $\pi_E^L(P_I^*,P_E^*,\theta)$ 表示，当 L 选择均衡混同价格 P_E^*，且消费者信念 $b(P_I,P_E)$ $=\theta$ 时，L 得到的利润。相反，$\pi_E^L(P_I^*,P_E(L),0)$ 表示，当 L 选择一个偏离价格 P_E^*，且消费者信念为 $b(P_I^*,P_E)=0$ 时，L 得到的利润。对 P_E^* 的约束

意味着,在消极的非均衡路径上的信念下,L 无法获得一个有利的偏离。接下来的分析中,我们将 $\pi_E^L(P_I^*, P_E^*, \theta)$ 和 $\pi_E^L(P_I^*, P_E(L), 0)$ 写成更具体的形式。假设 L 设定价格 P_E^*,知情消费者依然知晓进入者的真实质量,而不知情的消费者相信进入者是高质量的概率为 θ。因此,我们可以得到 L 的需求函数 $\frac{x}{1+x}\left(\frac{1}{2} + \frac{P_I^* - P_E^*}{2t}\right) + \frac{1}{1+x}\left(\frac{1}{2} + \frac{P_I^* - P_E^* + \beta\theta}{2t}\right)$ 和对应的利润函数 $\pi_E^L(P_I^*, P_E^*, \theta) = P_E^*\left[\frac{x}{1+x}\left(\frac{1}{2} + \frac{P_I^* - P_E^*}{2t}\right) + \frac{1}{1+x}\left(\frac{1}{2} + \frac{P_I^* - P_E^* + \beta\theta}{2t}\right)\right]$。

假设 L 偏离到 $P_E(L) \neq P_E^*$,那么它的需求函数是 $\frac{1}{2} + \frac{P_I^* - P_E(L)}{2t}$,利润函数是 $\pi_E^L(P_I^*, P_E(L), 0) = P_E(L)\left(\frac{1}{2} + \frac{P_I^* - P_E(L)}{2t}\right)$。由于在混同均衡中,任一类型的进入者设定相同的价格 P_E^*,因为上文的论述同样适合 H,$\pi_E^H(P_I^*, P_E^*, \theta) \geqslant \pi_E^H(P_I^*, P_E(H), 0)$。类似地,如果 H 设定价格 P_E^*,那么它的需求函数是 $\frac{x}{1+x}\left(\frac{1}{2} + \frac{P_I^* - P_E^* + \beta}{2t}\right) + \frac{1}{1+x}\left(\frac{1}{2} + \frac{P_I^* - P_E^* + \beta\theta}{2t}\right)$,利润函数是 $\pi_E^H(P_I^*, P_E^*, \theta) = (P_E^* - c)\left[\frac{x}{1+x}\left(\frac{1}{2} + \frac{P_I^* - P_E^* + \beta}{2t}\right) + \frac{1}{1+x}\right.$ $\left.\times\left(\frac{1}{2} + \frac{P_I^* - P_E^* + \beta\theta}{2t}\right)\right]$。如果 H 偏离到价格 $P_E(H) \neq P_E^*$,那么它的需求函数是 $\frac{x}{1+x}\left(\frac{1}{2} + \frac{P_I^* - P_E(H) + \beta}{2t}\right) + \frac{1}{1+x}\left(\frac{1}{2} + \frac{P_I^* - P_E(H)}{2t}\right)$,利润函数是 $\pi_E^H(P_I^*, P_E(H), 0) = (P_E(H) - c)\left[\frac{x}{1+x}\left(\frac{1}{2} + \frac{P_I^* - P_E(H) + \beta}{2t}\right) + \right.$ $\left. \frac{1}{1+x}\left(\frac{1}{2} + \frac{P_I^* - P_E(H)}{2t}\right)\right]$。在一个混同均衡中,给定 P_E^*,对于所有 P_I,$b(P_I, P_E^*) = \theta$,那么在位者会设定价格以最大化其利润。也即,$P_I^* \in \text{argmax}\,\pi_I(P_I, P_E^*, \theta)$,其中 $\pi_I(P_I, P_E^*, \theta) = P_I\left(\frac{1}{2} + \frac{P_E^* - P_I - \beta\theta}{2t}\right)$。明确地说,$P_I^* = \frac{t + P_E^* - \beta\theta}{2}$,这是从 $\max\limits_{P_I}\pi_I(P_I, P_E^*, \theta) = P_I\left(\frac{1}{2} + \frac{P_E^* - P_I - \beta\theta}{2t}\right)$ 中解出的。确切地,只要上述两个不等式同时成立,同时在位者设定 P_I^* 以最大化其利润,那么 (P_I^*, P_E^*) 可能成为一个混同均衡组合。规范地,如果 $\pi_E^L(P_I^*, P_E^*, \theta) \geqslant \pi_E^L(P_I^*, P_E(L), 0)$,$\pi_E^H(P_I^*, P_E^*, \theta) \geqslant \pi_E^H(P_I^*, P_E(H), 0)$,其中 $P_I^* = \frac{t + P_E^* - \beta\theta}{2}$,且消费者信念设定如下:对于所有 P_I,$b(P_I, P_E^*) = \theta$;对于 $P_E \neq$

P_E^*，$b(P_I^*,P_E)=0$，那么(P_I^*,P_E^*)可能成为一个混同均衡组合。如果我们进一步求解上述条件，那么得到$P_E^*\left(\dfrac{3t-\beta\theta-P_E^*}{2}+\dfrac{\beta\theta}{1+x}\right)\geqslant\left(\dfrac{3t-\beta\theta+P_E^*}{4}\right)^2$，

$(P_E^*-c)\left(\dfrac{3t-\beta\theta-P_E^*}{2}+\dfrac{\beta\theta+\beta x}{1+x}\right)\geqslant\left(\dfrac{3t-\beta\theta+P_E^*-2c}{4}+\dfrac{\beta x}{2(1+x)}\right)^2$。也即，通过同时求解两个不等式，我们可以得到一个混同均衡组合(P_I^*,P_E^*)。

命题 7 证明

命题 7 的证明与命题 6 相同。

命题 8 证明

在一个混同均衡中，给定消费者信念：对于$P_E\neq P_E^*$，$b(P_I^*,P_E)=0$。此时$\pi_E^L(P_I^*,P_E^*,\theta)\geqslant\pi_E^L(P_I^*,P_E(L),0)$和$\pi_E^H(P_I^*,P_E^*,\theta)\geqslant\pi_E^H(P_I^*,P_E(H),0)$应该同时成立。这一部分的分析与之前的设定相似。此外，注意这里的在位者是知晓进入者的质量的。因此，给定P_E^*，我们有消费者信念：对于$P_I\neq P_I^*$，$b(P_I,P_E^*)=1$。然后，我们需要进一步确保，在混同均衡中在位者没有动机偏离。也即，$\pi_I^L(P_I^*,P_E^*,\theta)\geqslant\pi_I^L(P_I(L),P_E^*,1)$和$\pi_I^H(P_I^*,P_E^*,\theta)\geqslant\pi_I^H(P_I(H),P_E^*,1)$应该同时成立。需要注意的是，当在位者观察到进入者出售低质量产品但是决定采取混同价格P_I^*时，$\pi_I^L(P_I^*,P_E^*,\theta)$是在位者利润，且$\pi_I^L(P_I^*,P_E^*,\theta)=P_I^*\left[\dfrac{x}{1+x}\left(\dfrac{1}{2}+\dfrac{P_E^*-P_I^*}{2t}\right)+\dfrac{1}{1+x}\times\left(\dfrac{1}{2}+\dfrac{P_E^*-P_I^*-\beta\theta}{2t}\right)\right]$。同样，当在位者选择偏离到价格$P_I\neq P_I^*$时，不知情消费者相信进入者出售高质量产品时，$\pi_I^L(P_I(L),P_E^*,1)$是在位者的利润，且$\pi_I^L(P_I(L),P_E^*,1)=P_I(L)\times\left[\dfrac{r}{1+x}\left(\dfrac{1}{2}+\dfrac{P_E^*-P_I(L)}{2t}\right)+\dfrac{1}{1+x}\left(\dfrac{1}{2}+\dfrac{P_E^*-P_I(L)-\beta}{2t}\right)\right]$。$\pi_I^L(P_I^*,P_E^*,\theta)\geqslant\pi_I^L(P_I(L),P_E^*,1)$表明，当面对$L$时，在位者不会选择偏离。同样需要注意的是，$\pi_I^H(P_I^*,P_E^*,\theta)$是当面对进入者$H$时在位者的利润，在位者坚持混同均衡价格$P_I^*$，$\pi_I^H(P_I^*,P_E^*,\theta)=P_I^*\left[\dfrac{x}{1+x}\left(\dfrac{1}{2}+\dfrac{P_E^*-P_I^*-\beta}{2t}\right)+\dfrac{1}{1+x}\left(\dfrac{1}{2}+\dfrac{P_E^*-P_I^*-\beta\theta}{2t}\right)\right]$。类似地，$\pi_I^H(P_I(H),P_E^*,1)$是当进入者是$H$，在位者选择偏离价格$P_I\neq P_I^*$时的利润，此时偏离价格将使得不知情消费者相信进入者出售高质量产品，$\pi_I^H(P_I(H),P_E^*,1)=P_I(H)\left[\dfrac{x}{1+x}\left(\dfrac{1}{2}+\dfrac{P_E^*-P_I(H)-\beta}{2t}\right)+\dfrac{1}{1+x}\right.$

$$\times\left(\frac{1}{2}+\frac{P_E^* - P_I(H) - \beta}{2t}\right)\bigg]$$。$\pi_I^H(P_I^*, P_E^*, \theta) \geqslant \pi_I^H(P_I(H), P_E^*, 1)$意味着,当面对出售高质量产品的进入者时,在位者不会偏离P_I^*。很明显,如果$\pi_E^H(P_I^*, P_E^*, \theta) \geqslant \pi_E^H(P_I^*, P_E(H), 0)$,$\pi_E^L(P_I^*, P_E^*, \theta) \geqslant \pi_E^L(P_I^*, P_E(L), 0)$,$\pi_I^L(P_I^*, P_E^*, \theta) \geqslant \pi_I^L(P_I(L), P_E^*, 1)$,$\pi_I^H(P_I^*, P_E^*, \theta) \geqslant \pi_I^H(P_I(H), P_E^*, 1)$,以及消费者信念设定为:$b(P_I^*, P_E^*) = \theta$;对于$P_E \neq P_E^*$,$b(P_I^*, P_E) = 0$;对于$P_I \neq P_I^*$,$b(P_I, P_E^*) = 1$;那么$(P_I^*, P_E^*)$可以成为一个混同均衡组合。特别是,如果下面四个不等式同时成立,那么会发现一个额外的混同均衡:

$$P_E^*\left(t + P_I^* - P_E^* + \frac{\beta\theta}{1+x}\right) \geqslant \left(\frac{t + P_I^*}{2}\right)^2$$

$$(P_E^* - c)\left(t + P_I^* - P_E^* + \frac{\beta\theta + \beta x}{1+x}\right) \geqslant \left[\frac{t + P_I^* - c}{2} + \frac{\beta x}{2(1+x)}\right]^2$$

$$P_I^*\left(t + P_E^* - P_I^* - \frac{\beta\theta}{1+x}\right) \geqslant \left[\frac{t + P_E^*}{2} - \frac{\beta}{2(1+x)}\right]^2$$

$$P_I^*\left(t + P_E^* - P_I^* - \frac{\beta\theta + \beta x}{1+x}\right) \geqslant \left[\frac{t + P_E^* - \beta}{2}\right]^2$$

企业不可观测的质量信号传递以及价格和广告策略的选择

第一节　引　言

在国际市场上,当本国公司将产品出口到第三国家(国外)且这个国家的消费者不知晓其产品的质量时,那么本国公司可能面临信息劣势。本国公司可能在国内处于市场主导的地位。这类公司似乎通常在国际市场上设定一个相对于本国市场较低的价格和较高水平的广告。[①] 本章通过假设质量由企业内生选择,而不是自然外生决定,考察了同时使用价格和广告作为企业无法观测的质量的传递信号。与关于外生质量选择的文献相比,有关内生质量选择的文献较多。这类文献中比较著名的有 Klein 等(1981)、Sharpiro(1983)、Wolinsky(1983)、Riordan(1986)、Bester(1998)和Rasmusen(2008)的研究著作。

Klein 等(1981)考察了一个标准内生质量设定,其中重复购买的可能性决定了公司的选择,生产成本随质量的提高而增加。在 Klein 等(1981)之后,大量文献发表,但是所有这些研究集中在以公司选择价格作为质量传递信号,很少有研究正式地考虑广告的质量信号传递作用。[②] 这与关于外生质量选择的文献形成对比,其中价格和广告被同时看作可能的公司质

[①]　感谢匿名评审人提供这个例子。

[②]　In 和 Wright(2012)认为,迄今为止,内生质量文献还没有考虑公司同时将价格和广告作为其无法被观测的质量的可能传递信号。这可能是由于缺少一个一致的方法来处理非均衡路径上的价格和广告水平。

量传递信号。In 和 Wright(2012)研究了一个用以分析无法观测的质量选择信号传递的通用框架。[1] 他们指出,这一框架有一些重要的应用,比如应用在考察同时使用价格和广告作为公司无法被观测的质量选择的传递信号的情况。这是首次同时考察价格和广告作为公司的质量传递信号的研究。基于对 Klein 等(1981)的修正的框架,他们的分析证明了,花费性广告不具有质量信号传递的作用。[2] 这是因为,在此设定中广告是沉没成本,且在重新排序博弈中,广告不会改变公司出售低质量产品的动机。

本章发展了一个模型,模型中考虑将价格和广告作为完全垄断公司的无法观察到的产品质量的联合信号来分析 In 和 Wright 的思想。然后,将完全垄断公司的这一模型扩展到一个霍特林模型的变异,应用到两家不完全竞争的公司,探究竞争是如何影响公司选择价格和广告联合传递其无法被观测到的质量选择的。[3] 最后,讨论了伴随竞争而改变的广告水平以及禁止广告如何影响社会福利。注意,本章中的广告有一个需求增强效果,即假定广告有助于提高消费者重复购买的可能性。

基于非均衡路径的消费者信念定义的自由度很大,我们考察的博弈中通常存在多个精炼贝叶斯均衡。[4] 我们使用 In 和 Wright 的均衡精炼重复排序不变性,这是通过求解重新排序的博弈得到的。在这个重新排序的重复博弈中,我们先选择可观察的行动,然后选择无法被观察的行动。我们考察了一个对初始博弈进行重新排序后的变异体,其中第一阶段选择价格和广告,第二阶段选择质量。[5] 此博弈与原始博弈具有相同的简化范式。在这个重新排序的博弈中,存在唯一的纯策略子博弈精炼均衡,这也是原始博弈的精炼均衡的结果。这一精炼被 In 和 Wright 称为重新排序不变性。也即,观察到价格和/或广告水平后,只要消费者期望理性,那么给定价格和/或广告水平,消费者会基于公司希望设定的最佳质量来形成对质量的期望。

我们的结论就内生质量设定中,为为什么公司偏好一个相比完全信息

---

[1] 这个框架使得多维信号的处理变得更直接。

[2] 他们也指出,当广告有一个需求扩大的效应时,它可以作为质量传递信号。

[3] 在上述模型中,如果我们考虑两个同质的竞争者,就会在定义纯策略均衡上出现问题。这是由于如果两家公司都是积极的,那么他们之间的竞争将导致他们失去所有的利润。但此时,给定广告是一个固定成本,他们不应该做广告。但是,若没有广告,他们会被认为是低质量产品的供应者,因此任何提供广告的公司都可以吸引整个市场并且获得正利润(但如此另一家公司会降价)。

[4] 在我们的初始博弈中,质量选择是在第一阶段,价格和广告选择是在第二阶段。

[5] 由于没有获得公司选择其无法被观测的质量和可观测的价格和/或广告之间相关关系的任何新的信息,因此顺序并不重要(In et al.,2012)。

下更高的广告水平提供了解释。垄断者设定了一个更高水平的广告来传递其无法被观测到的高质量选择。随着竞争从完全垄断开始逐渐加强,双寡头垄断公司会选择较低的价格和较高的广告水平来传递其无法被观测的高质量选择。此外,我们对社会福利性质的分析为公共政策提供了一些启示。公司为揭示其无法被观察的高质量选择而设定的更高水平的广告,会降低社会福利。如果价格可以单独作为一个信号来传递公司高质量的选择,那么广告禁令可能使得社会和公司均获益。但是,由于更高的价格和更少的广告会引致更低的需求,消费者的情况会恶化。或者,如果价格无法单独作为公司高质量选择的信号,那么广告禁令可能使得均衡中公司选择低质量和低价格,这从社会福利的角度看可能会更糟糕。因此,我们的结论表明,当存在足够的竞争以及当价格可以单独作为公司无法观测的质量选择的信号时,禁止广告可能是更可取的。但是,如果价格无法单独作为公司被观测的质量选择的信号,当存在竞争不足时,广告作为质量信号传递是可取的。

第二节　模　型

我们的研究结果是从一个垄断情形下的简单模型中推导出来的。首先,我们在内生质量和外生质量两种情形下求解此模型,并且分析了垄断情况下均衡的基本属性。为了研究信号传递策略与市场结构之间的关系,这个模型被拓展到竞争情形。

一、垄断模型及其福利分析

这里有四个步骤。在外生质量的模型中,第一步,自然从质量集,$t \in \{L, H\}$ 中决定垄断公司的质量,其中 $t = H$ 的概率为 ρ,$0 < \rho < 1$。在内生质量的模型中,第一步,垄断公司从同样的质量集 $t \in \{L, H\}$ 中选择其质量。不管质量是自然选择还是公司自己选择,接下来的博弈都是一致的。第二步,公司选择价格 $P \geqslant 0$,这一价格在整个博弈中保持不变;同时选择广告费 $A \in [0, \bar{A}]$,其中 $\bar{A}$ 是某个足够大的值。第三步,一个代表性消费者(或同质消费者的集合)观察到这些选择但是不知道质量水平,然后决定是否向公司购买。第四步,如果消费者购买,他会观察到公司的真实质量,并且以概率 $\phi(A)$ 决定是否重复购买,其中 $0 \leqslant \phi(A) \leqslant 1$。假设这一概率随着广告

费用的增加而增大。① 由于广告可以提高重复购买的可能性,因此这样的广告增加了选择高质量产品的收益,潜在地使高质量均衡的出现成为可能。特别地,$\phi(A)$被假设为一个严格凹递增函数,因此需求随广告的增加而增加,但广告的边际收益递减。假定$\phi(A)$不随广告费的变化而变化,那么这种广告代表的是花费性或浪费性广告。②

消费者在一个周期中乐意购买 1 单位,并从质量为 t 的产品中获得效用 v_t。质量为 t 的产品的单位成本是 c_t。假设(1a)$v_H > v_L$,$c_H > c_L$,(1b)$v_H - c_H > v_L - c_L > 0$。(1a)表明高质量产品具有更高的效用,但是花费更多;(1b)表明确保了高质量产品的净剩余更高。公司和消费者的贴现率为 δ,$0 < \delta < 1$。

1. 外生质量博弈

首先考察外生质量博弈。为了与 Milgrom 等(1986)的花费性广告的积极作用保持一致,我们假设对于所有 $A \geq 0$,(1c)$\delta\phi(A_L) < (c_H - c_L)/(v_H - c_H)$和(1d)$\phi'(A) > 0$。定义 A_H^* 为 H 类型垄断企业在完全信息下的最优广告水平。也即,$A_H^* = \mathrm{argmax}[(1+\delta\phi(A_H))(v_H - c_H) - A_H]$。根据 Milgrom 等(1986)的研究,我们使用序贯均衡的标准精炼来着重考察最小成本分离均衡结果。一个高质量公司将会选择垄断水平的价格 v_H 和广告水平 A^*,来确保低质量公司不会模仿它。注意,我们隐形地假定 $A_H^* < A^*$,意味着 A_H^* 代表广告水平不足以用来传递高质量信号。如果低质量公司选择不去模仿,那么它的质量就真实显露。它会选择最优的价格 v_L 和广告 A_L 来最大化其利润$(1+\delta\phi(A_L))(v_L - c_L) - A_L$。通过求解$\phi'(A_L) = 1/[\delta(v_L - c_L)]$得到最优 A_L^*。注意,我们实际上定义 A_L^* 是低质量垄断公司完全信息下的最优广告水平。所以低质量公司获得利润$(1+\delta\phi(A_L^*))(v_L - c_L) - A_L^*$。因此,为了阻止低质量公司模仿,高质量公司会选择$(P,A)$等于$(v_H, A^*)$,其中 $A^* = v_H - c_L - (1+\delta\phi(A_L^*))(v_L - c_L) + A_L^*$。所以高质量公司可以传递其高质量,但是通常这会导致更高水平的广告。

---

① 这种方法是受 Nelson(1974)的启发,广告帮助消费者记住这一品牌,因此,增加了消费者考虑重复购买的可能性,这使得当产品实际上是高质量时,广告将更有价值。

② 在这种情况下,如果垄断公司可以内生选择质量,那么它将永远不会做广告(因为广告是沉没成本,无法帮助公司说服消费者相信公司出售的是高质量产品);而当质量是外生决定时,它可能选择一个正的花费性广告,从而使得低质量的公司无法从试图假装高质量这一行为中获利(In et al.,2012)。

我们依然要检验,在给定消费者信念时,任何质量的公司都不会偏离其均衡策略。假设消费者相信,如果 $A \geqslant A^*$,垄断公司是高质量的公司,反之则为低质量的公司。现在,首先我们检验低质量垄断公司没有有利可图的偏离。依据无模仿约束条件以及我们的信念体系,低质量公司绝不会选择 $A \geqslant A^*$。如果它偏离到任何广告费,比如 $A < A^*$,那么消费者会正确地判断出垄断公司是低质量的,所以低质量公司的最佳选择是设定 $A_L = A_L^*$。接下来检验高质量垄断公司也不会偏离。H 绝不会偏离到 $A \geqslant A^*$,这是由于 $A_H^* < A^*$ 和 $(1+\delta\phi(A_H))(v_H - c_H) - A_H$ 是 A_H 的凹函数。假如高质量的公司假装是低质量的,并选择 $A < A^*$,那么它选择 $\hat{A} = \text{argmax}[(1+\delta\phi(A))(v_L - c_H) - A]$。注意,$\hat{A} < A_L^*$。为了支撑上述均衡,$(1+\delta\phi(\hat{A}))(v_L - c_H) - \hat{A} < (1+\delta\phi(A^*))(v_H - c_H) - A^*$ 必须成立。因此,我们描述了一个精炼贝叶斯分离均衡,其中广告被用来传递高质量信号。

2. 内生质量博弈

现在考虑质量是内生决定下的博弈。我们使用相同的假设,除了第一步中质量由公司选择。首先,我们描述一个反向排序博弈的均衡结果,在这个博弈中,第一步选择价格和广告,第二步选择质量。

定义质量为 t 的垄断企业在完全信息下的最优广告水平为 $A_t = \text{argmax}[(1+\delta\phi(A_t))(v_t - c_t) - A_t]$,其中价格设定在完全信息水平下的 v_t。注意,$A_H > A_L$。[①] 在完全信息下,垄断企业的最大化其利润为 $(1+\delta\phi(A_t))(v_t - c_t) - A_t$。[②]

现在我们考察反向排序博弈。公司在第一步选择价格和广告,第二步选择质量,然后消费者做出他们的两步决策。假设

$$(v_H - c_L) - A_H > (1+\delta\phi(A_H))(v_H - c_H) - A_H \tag{4-1}$$

在 $P = v_H$ 时成立。[③] 如果第二步选择高质量,式(4-1)的右边是公司利润,这是由于公司会在第三步和第四步中销售产品。如果选择低质量,式(4-1)的左边是公司的利润,由于一开始时被认为选择了高质量,它仅会在第三步中销售其产品。因此,式(4-1)暗示了,当 $P = v_H$ 时,A_H 不足

---

① 这是假设(1b)的隐含条件。

② 注意,我们已经假设 $\phi(A)$ 是严格递增的凹函数。这足够确保垄断者最大化利润的存在,即 $(1+\delta\phi(A_t))(v_t - c_t) - A_t$。

③ 当 $P \leqslant v_H$ 时,如果产品是高质量的,公司会同时在两个时期出售。因此,公司会通过选择 $P = v_H$ 最大化其利润,这一价格是给定公司生产高质量产品的情况下消费者会购买的最高价格。

以使公司在第二步选择高质量。公司对未来的折现仍旧太多。为了提高重复购买的重要性，公司需要在第一步增加更多的广告。为使得公司 i 在第二步选择高质量，第一步中所需要的最低广告水平，被定义为：$(v_H - c_L) - A^* = (1 + \delta\phi(A^*))(v_H - c_H) - A^*$，当 $P = v_H$ 时成立（对于任何更低的价格，都将需要一个更高水平的广告，这绝不会达到最优[①]）。假设

$$(1 + \delta\phi(A^*))(v_H - c_H) - A^* \geqslant (1 + \delta\phi(A_L))(v_L - c_L) - A_L \quad (4-2)$$

那么，公司更希望选择 $(P = v_H, A^*)$ 和高质量，而不是 $(P = v_L, A_L)$ 和低质量。

命题 1 存在一个均衡，均衡中垄断者选择高质量，并设定 $P = v_H, A = A^* > A_H$。相应的社会福利等于 $(1 + \delta\phi(A^*))(v_H - c_H) - A^*$，这一福利低于完全信息下高质量垄断者实现的社会福利，但是高于存在广告禁令时垄断者实现的社会福利。

3.外生质量与内生质量博弈对比

现在比较外生质量博弈与内生质量博弈。我们清楚的是，两种方法下，均衡中广告水平的表达式不同。在经典的信号传递模型中，$A^* = v_H - (1 + \delta\phi(A_L^*))v_L + c_L + A_L^*$，因此用于传递高质量信号的广告水平取决于 v_H、c_L、v_L 和 δ。相比之下，在内生质量设定中，$\phi(A^*) = \dfrac{(c_H - c_L)}{\delta(v_H - c_H)}$，因此，质量保证的广告水平取决于 v_H、c_H、c_L 和 δ。此外，在外生质量设定中，A^* 与 v_H 和 c_L 正相关，但是与 v_L 和 δ 负相关。然而，在内生质量设定中，A^* 与 v_H、c_L 和 δ 负相关，但是与 c_H 正相关。最后，我们发现，内生质量模型中，低质量公司的垄断价格 v_L 对广告水平没有影响；而在外生质量模型中，它导致了广告水平的下降。但是，在外生质量模型中，高质量的成本 c_H 不影响广告；而在内生质量模型中，广告水平随着 c_H 的增加而提高。我们得到的是，在外生质量模型中，没有模仿约束意味着，通过设定 v_H 和 A^* 模仿高质量垄断者的利润随着 v_H 的增加而增加；同时，不采取模仿的低质量垄断者的利润随着 v_L 的增加而增加。前一种效应趋于增强低质量垄断者的模仿动机，而后一种效应则趋于降低低质量垄断者的模仿动机。因此，A^* 随着 v_H 的增加而增加，但是随着 v_L 的增加而降低。在内生质量模型中，

---

① 在完全信息下，对于任何更低的价格，公司都会选择一个更低水平的广告以最大化其利润。

为了使公司选择高质量,我们需要确保公司选择高质量、出售两次的境况好于公司选择低质量但通过设定高价格假装自己是高质量时的境况。为了放宽激励相容约束,我们需要增加 A^* 使得重复购买变得更重要。因此,v_H 的增长使得通过设定高价格和出售两次而获得的利润增长,多于通过设定高价格、选择低质量和出售一次获得的利润。c_H 的降低趋于增加因设定高价格和出售两次的利润;而 c_L 的降低趋于增加因假装自己是高质量,但实际上选择低质量和出售一次的利润。

二、双寡头垄断及其福利分析

有两家公司,这两家公司位于标准霍特林范式的两端。过程与之前的设定一致,只不过现在消费者在第三步中,基于他们在单位长度上的位置,选择一家公司;并在第四步中,消费者决定是否重复向同一家公司购买。① 实际上,我们将第三步分为步骤 3a 和 3b。假设总量为 1 的消费者是在 $[0,1]$ 区间上均匀分布。假设位于 $[0,1]$ 区间 x 处的消费者会得到一个额外的公司特有的效用,其中从公司 1 得到 $(1-x)/\sigma$,而从公司 2 得到 x/σ,σ 测量的是竞争强度。② σ 越大,竞争就越激烈。在步骤 3a 中,消费者因光顾公司 i 而获得额外效用,这与消费者是否在步骤 3b 时向公司 i 购买无关。但是,消费者只能光顾一家公司,并且只能向他选择光顾的公司购买。这一规定确保了市场完全被覆盖,且所有消费者只向一家公司购买,但是同时避免了一家公司可以在定价高于 v_H 的情况下还能出售商品的可能性。因此,如果两家公司的定价等于或低于 v_H,所有消费者都希望光顾其中一家公司而获得额外效用,并且如果他们认为这家公司的产品是高质量的,那么他们会向自己光顾的公司购买。这暗示了,如果一个被认为是高质量的公司定价高于 v_H,离这家公司非常近的消费者依然会去光顾,但是他们不会购买,且他们在选择光顾这家公司的时候就已知道这一切。同样,对于一家被认为是低质量的公司的定价高于 v_L,非常接近商铺的消费者会去那里光顾,但是他们不会购买。因此,虽然消费者做了两个决定,给定消费者只能向他们光顾的公司购买产品,但他们实际上可以同时做出两个决定,即向谁购买。

现在,我们考察逆向排序博弈。其中在第一步选择 (P_i, A_i),在第二步

① 注意,我们会假设,在选择价格和广告水平时,每家公司并不知道对方的质量选择。
② 这并非标准的霍特林模型(Tirole,1988)。

选择质量,然后消费者做出他们的两步决策。当且仅当 $v_H \geqslant P_i \geqslant c_H + \frac{c_H - c_L}{\delta\phi(A_i)} > v_L$ 时,(P_i, A_i) 保证高质量。约束 $P_i \geqslant c_H + \frac{c_H - c_L}{\delta\phi(A_i)}$ 是通过求解

$$s_i(1 + \delta\phi(A_i))(P_i - c_H) - A_i \geqslant s_i(P_i - c_L) - A_i \qquad (4-3)$$

得到的。其中 s_i 是公司 i 的市场份额或需求函数,其决定于 (P_i, A_i)、对手公司的价格和广告策略以及消费者信念。式(4-3)左边是当公司被认为是高质量并在第二步生产高质量产品,消费者在第三步和第四步都选择购买时,公司 i 的利润;右边是当公司最初被认为是高质量的,但是在第二步生产低质量产品,以及消费者仅仅在第三步购买时,公司 i 的利润。

注意 $v_H \geqslant P_i > v_L$。这是因为,如果公司 i 在第一步选择 (P_i, A_i),$P_i \leqslant v_L$,那么在第二步选择高质量不会是公司的最优选择。假设公司 i 在第二步选择高质量,当 $P_i \leqslant v_L$,它会在两个阶段出售,其利润为 $s_i(1 + \delta\phi(A_i))(P_i - c_H) - A_i$;相反,如果公司 i 在第二步生产低质量产品,它最终的利润是 $s_i(1 + \delta\phi(A_i))(P_i - c_L) - A_i$。原因在于当 $P_i \leqslant v_L$ 时,即使消费者发现公司出售低质量产品,消费者依然会以概率 $\phi(A_i)$ 在第四步重复购买。① 明显地,$s_i(1 + \delta\phi(A_i))(P_i - c_H) - A_i < s_i(1 + \delta\phi(A_i)) \times (P_i - c_L) - A_i$。因此,当 $P_i \leqslant v_L$ 时,对公司 i 而言在第二步选择低质量总是有利可图的。在这个期望的基础上,当观察到一个价格,也即 $P_i \leqslant v_L$ 时,消费者认为公司 i 将在第二步选择低质量。同样地,公司 i 不会在第一步选择高于 v_H 的价格,并在第二步选择高质量。这是因为,尽管消费者可能认为公司 i 是一家高质量公司,但在这个情形下,他们只想光顾这家公司,而不乐意向其购买。

同样也需要注意的是,在一个两家公司均生产高质量的均衡中,约束条件 $P_i \geqslant c_H + \frac{c_H - c_L}{\delta\phi(A_i)}$ 会以等式的形式成立。这个均衡中一家公司生产高质量产品(如果不需要传递高质量信号,公司总是偏好更少的广告,如下所述)。回顾我们之前的假设 $(v_H - c_L) - A_H > (1 + \delta\phi(A_H))(v_H - c_H) - A_H$,其中完全信息最优的广告水平 A_H 是通过求解 $\phi'(A_H) = \dfrac{1}{\delta(v_H - c_H)}$ 得到的。② 如果

---

① 当消费者在第三步购买后发现了公司出售的产品的质量时,消费者在第四步不被允许转向另一家公司购买,消费者只能决定是否再次向他们选择的公司购买。

② 对于 $\phi(A)$ 的一般函数形式,A_H 可能取正值。这是因为广告从两个方面影响垄断利润:一方面,通过在第四步提高需求,广告增加了垄断利润;另一方面,广告作为一种固定沉没成本减少了利润。

$P \leqslant v_H$，就可直接得出 $(P-c_L)-A_H > (1+\delta\phi(A_H))(P-c_H)-A_H$。

定义 (P_i,A_i) 是完全信息下，两家公司中任意一家公司 i 选择高质量时的最优价格和广告水平。对于任何给定的 P_i 和 s_i，A_i 通过求解 $\phi'(A_i) = \dfrac{1}{s_i\delta(P_i-c_H)}$ 得到，这一等式本身来自 $\dfrac{\mathrm{d}[s_i(1+\delta\phi(A_i))(P_i-c_H)-A_i]}{\mathrm{d}A_i}$。通过比较 $\phi'(A_H) = \dfrac{1}{\delta(v_H-c_H)}$ 和 $\phi'(A_i) = \dfrac{1}{s_i\delta(P_i-c_H)}$，得到 $\phi'(A_i) > \phi'(A_H)$，这是因为 $P_i \leqslant v_H$ 和 $0 \leqslant s_i \leqslant 1$。由于 $\phi'(A)$ 随着 A 的增加而递减，我们有 $A_i < A_H$。据此，如果 $P \leqslant v_H$，那么 $(P-c_L)-A_H > (1+\delta\phi(A_H))(P-c_H)-A_H$。$A_i < A_H$ 暗示了，如果 $P \leqslant v_H$，那么 $(P-c_L)-A_i > (1+\delta\phi(A_i))(P-c_H)-A_i$。由此可得，如果 $P_i \leqslant v_H$，那么 $s_i(P_i-c_L)-A_i > s_i(1+\delta\phi(A_i))(P_i-c_H)-A_i$。这意味着，如果 $P_i \leqslant v_H$，那么 A_i 不足以使得公司 i 在第二步选择高质量。为了放宽激励相容约束，公司 i 需要在第一步增加广告。第一步中所需要的，可以使得公司 i 在第二步选择高质量的最低广告水平，被定义为 $s_i(P_i-c_L)-A_i^* = s_i(1+\delta\phi(A_i^*))(P_i-c_H)-A_i^*$。注意 $A_i^* > A_i$。因此，我们已经证明，给定价格 P_i，如果不是为了传递高质量信号，公司总是偏好更少的广告。[①] 因此，如果公司生产高质量产品，约束条件会以如下方式成立：$v_H \geqslant P_i = c_H + \dfrac{c_H-c_L}{\delta\phi(A_i)} > v_L$。

命题 2　在一个两家公司均选择高质量的高质量均衡中，这两家公司同时选择价格和广告，即 $P_1^* = P_2^*$，$A_1^* = A_2^*$，$v_H \geqslant P_1^* = c_H + \dfrac{c_H-c_L}{\delta\phi(A_1^*)} > v_L$，以及

$$\sigma = \frac{1+\dfrac{\delta}{2}(c_H-c_L)\dfrac{\phi'(A_1^*)}{(\delta\phi(A_1^*))^2}}{\dfrac{\delta}{2}\phi'(A_1^*)\left(v_H-c_H+\dfrac{c_H-c_L}{(\delta\phi(A_1^*))^2}\right)\left(c_H-c_L+\dfrac{c_H-c_L}{\delta\phi(A_1^*)}\right)}$$

其中，$A_i^* \geqslant A^* > A_H$。随着竞争从完全垄断开始不断增强，两家公司都设置更低的价格和更高的广告水平来传递其高质量。传递高质量信号而引起的过度广告可能导致社会福利和企业共同利润损失。当竞争强度足够

---

① 由于 $\phi(A)$ 是严格单调递增凹函数，给定 s_i 和 P_i，$s_i(1+\delta\phi(A_i))(P_i-c_H)-A_i$ 也是严格凹函数。A_i 是完全信息下的最优广告水平，$A_i^* > A_i$。因此，当 $A_i^* > A_i$，公司 i 的利润函数是严格递减凹函数。

大,且价格可以单独揭示公司无法被观察到的质量选择时,广告禁令可能
会改善社会福利,但会使得消费者的境况更糟。但是,如果价格无法单独
作为传递质量的信号,那么广告禁令可能使得两家公司在均衡中都选择低
质量和低价格。

第三节　一个数值的例子

考察一个例子,其中 $(1c)$ $(c_H - c_L)\left(1 + \dfrac{1}{v_H - v_L}\right) \leqslant \delta(v_H - c_H) < 1$ 和

$(1d)\phi(A) = A/(1+A)$。这满足我们在垄断分析中的方程 $(4\text{-}1)$ 和 $(4\text{-}2)$。
这些假设意味着,在外生质量设定中,$A_L^* = A_H^* = 0$ 和 $A^* = v_H - v_L > 0$。对
内生质量设定而言,这些假设同样意味着 $A_L = A_H = 0$ 和 $A^* = (c_H - c_L)/$
$[\delta(v_H - c_H) - (c_H - c_L)] > 0$。进一步地,如果我们假设 $\delta = 0.9, v_H = 1, v_L$
$= 0.2, c_H = 0.1, c_L = 0$,在外生质量设定中,我们会有 $A^* = 0.8$ 和 $P = 1$,以
及垄断利润是 0.46[①];而在内生质量设定中,$A^* = 0.14$ 和 $P = 1$,垄断利润
是 0.86。公司选择高质量,并以垄断价格和正的广告支出作为质量传递信
号,消费者向公司购买。注意此时,在垄断价格下的广告水平高于完全信
息下的广告水平,这是为了放松激励相容约束以使公司生产高质量产品。
广告通过增加重复购买的可能性放松了这一约束,这在产品是高质量时更
值得(因此边际利润率高)。有趣的是,未来收益或重复购买越是重要,广
告水平越会因此而下降(正如一个更高的 δ 所衡量的),正是这种重要性的
增加放宽了激励相容约束条件,这意味着这一目的上的广告支出的需求减
少。所以当公司面临的重复购买的重要性降低时,期望的广告支出增加。

现在,我们将这一例子扩展到竞争的情况。假设 $\sigma = 2$。除非 $v_H \geqslant P_i \geqslant$

$c_H + \dfrac{c_H - c_L}{\delta\left(\dfrac{A_i}{1 + A_i}\right)} > v_L, (P_i, A_i)$ 才能确保高质量。这个例子中,给定如果不传

递高质量信号,公司偏好更少的广告,那么这一约束 $v_H \geqslant P_i = c_H +$

---

① 通过选择 $A < A^*$,并设定价格和广告,比如 $(v_L, A = A_L^* (= 0))$,H 垄断者可以假装是低
质量的公司。由此得到的利润为 0.1。但是,如果 H 垄断者维持其均衡策略 $(v_H, A^* (= v_H -$
$v_L))$,那么它的利润为 0.46。因此,我们认为,垄断者也不能做出任何有利可图的偏离。

$\dfrac{c_H-c_L}{\delta\left(\dfrac{A_i}{1+A_i}\right)}>v_L$ 会成立。由于 $1>\delta(v_H-c_H)$，如果所有消费者知道垄断者的

质量，垄断者偏好不采取广告。这暗示了，对于所有 $A>0$，$v_H-c_H>$

$\left(1+\delta\left(\dfrac{A}{1+A}\right)\right)(v_H-c_H)-A$。然后由此推出，对于所有 $A>0$ 和 $P\leqslant v_H$，P

$-c_H>\left(1+\delta\left(\dfrac{A}{1+A}\right)\right)(P-c_H)-A$。由 $0\leqslant s_i\leqslant1$ 可得，对于所有 $A_i>0$ 和

$P_i\leqslant v_H$，都有

$$s_i(P_i-c_H)>s_i\left(1+\delta\left(\dfrac{A_i}{1+A_i}\right)\right)(P_i-c_H)-A_i \qquad (4\text{-}4)$$

注意，式(4-4)左边是当公司 i 选择 0 时的广告费和高质量，且消费者认为公司选择高质量时的利润；而右边是当公司 i 选择正的广告费和高质量，且消费者也相信公司选择高质量时的利润。对于任何给定的 s_i 和 P_i，$s_i\left(1+\delta\left(\dfrac{A_i}{1+A_i}\right)\right)(P_i-c_H)-A_i$ 都是一个严格凹函数。因为零广告支出是这一例子的最佳选择，对于任何 $A_i\geqslant0$，$s_i\left(1+\delta\left(\dfrac{A_i}{1+A_i}\right)\right)(P_i-c_H)-A_i$ 是一个严格递减的凹函数。因此，我们已经证明，公司总是偏好用更少的广告来传递高质量信号。

在一个每家公司生产高质量产品的高质量均衡中，如果消费者观察到价格和广告组合 (P_i,A_i)，比如 $v_H\geqslant P_i=c_H+\dfrac{c_H-c_L}{\delta\left(\dfrac{A_i}{1+A_i}\right)}>v_L$，$i=1,2$，消费者会

认为每家公司选择高质量。对公司 1 和公司 2 偏好的差异消费者 $\bar{x}$，$\bar{x}-\dfrac{1}{2}+$

$\dfrac{\sigma}{2}\left[\left(1+\delta\left(\dfrac{A_1}{1+A_1}\right)\right)(v_H-P_1)-\left(1+\delta\left(\dfrac{A_2}{1+A_2}\right)\right)(v_H-P_2)\right]$，这是通过求解

$\left(1+\delta\left(\dfrac{A_1}{1+A_1}\right)\right)(v_H-P_1)+\dfrac{1-x}{\sigma}=\left(1+\delta\left(\dfrac{A_2}{1+A_2}\right)\right)(v_H-P_2)+\dfrac{x}{\sigma}$ 得到

的。① 那么，公司 1 和公司 2 的需求函数分别是 $s_1=\bar{x}$ 和 $s_2=1-s_1=1-\bar{x}$。据此，我们可以分别得到公司 1 和公司 2 的利润函数：

$$\pi_1=s_1\left(1+\delta\left(\dfrac{A_1}{1+A_1}\right)\right)(P_1-c_H)-A_1$$

① 如果模型中，消费者一开始不将广告作为他们做出购买决策的参考，但广告依然会影响他们重复购买的概率，那么这个模型类似于我们的模型，产生类似的结果。

$$\pi_2 = (1-s_1)\left(1+\delta\left(\frac{A_2}{1+A_2}\right)\right)(P_2 - c_H) - A_2$$

因此一个可能的高质量均衡可以通过求解下式得到：

$$\pi_1 = \left\{ \frac{1}{2} + \frac{\sigma}{2}\left[\left[1+\delta\left(\frac{A_1}{1+A_1}\right)\right]\left[v_H - \left[c_H + \frac{c_H - c_L}{\delta\left(\frac{A_1}{1+A_1}\right)}\right] - \left(1+\delta\left(\frac{A_2}{1+A_2}\right)\right)\right]\right.\right.$$

$$\left.\left. \times \left[v_{H-}\left[c_H + \frac{c_H - c_L}{\delta\left(\frac{A_2}{1+A_2}\right)}\right]\right]\right]\right\}\left(1+\delta\left(\frac{A_1}{1+A_1}\right)\right)\frac{c_H - c_L}{\delta\left(\frac{A_1}{1+A_1}\right)} - A_1$$

$\frac{d\pi_1}{dA_1} = 0$，设定 $A_1 = A_2$。计算结果为 $A_1^* = A_2^* = 0.21$ 和 $P_1^* = P_2^* = 0.74$。
每家公司利润均为 0.16。

为了检验这一结果是否是均衡，我们需要检验，给定其他公司保持这一水平的 (P, A)，一家公司无法通过偏离和选择一个更低价格和广告水平来改善境况，以至于这家公司会想要选择低质量。如果公司1这么做了，即 $P_1 < P_1^* = c_H + \frac{c_H - c_L}{\delta\left(\frac{A_1^*}{1+A_1^*}\right)} < c_H + \frac{c_H - c_L}{\delta\left(\frac{A_1}{1+A_1}\right)}$，那么消费者相信这是一家

低质量公司。公司1的需求函数和利润函数如下：

$$s_1 = \frac{1}{2} + \frac{\sigma}{2}\left[\left(1+\delta\left(\frac{A_1}{1+A_1}\right)\right)(v_L - P_1) - \left(1+\delta\left(\frac{0.21105}{1+0.21105}\right)\right)\right.$$

$$\left. \times \left[v_H - \left[c_H + \frac{c_H - c_L}{\delta\left(\frac{0.21105}{1+0.21105}\right)}\right]\right]\right]$$

$$\pi_1 = \left\{ \frac{1}{2} + \frac{\sigma}{2}\left[\left(1+\delta\left(\frac{A_1}{1+A_1}\right)\right)(v_L - P_1) - \left(1+\delta\left(\frac{0.21105}{1+0.21105}\right)\right)\right.\right.$$

$$\left.\left. \times \left[v_H - \left[c_H + \frac{c_H - c_L}{\delta\left(\frac{0.21105}{1+0.21105}\right)}\right]\right]\right]\right\}(P_1 - c_L)$$

它会选择 $A_1 = 0$。注意，这个例子中的低质量垄断者也会偏好零广告支出而不是任何正数额的广告花费，这是因为 $1 > \delta(v_H - c_H) > \delta(v_L - c_L)$。因此，我们有，对于任何 $A > 0$，$v_L - c_L > \left(1+\delta\left(\frac{A}{1+A}\right)\right)(v_L - c_L) - A$。基于上述论点，我们们有，对于所有 $P \leqslant v_L$ 和 $A > 0$，$P - c_L > \left(1+\delta\left(\frac{A}{1+A}\right)\right)(P - c_L) - A$。由此可

得,对于所有 $P_1 \leqslant v_L$ 和 $A_1 > 0, s_1(P_1 - c_L) > s_1\left(1 + \delta\left(\dfrac{A_1}{1+A_1}\right)\right)(P_1 - c_L) - A_1$。

因此,公司 1 如果在第二步选择低质量,它是不会采用广告的。将 $A_1 = 0$ 代入上述公司 1 的需求函数,那么公司 1 的需求函数简化为

$$s_1 = \frac{1}{2} + \frac{\sigma}{2}\left[(v_L - P_1) - \left(1 + \delta\left(\frac{0.21105}{1+0.21105}\right)\right)\right.$$
$$\left.\times\left[v_H - \left[c_H + \frac{c_H - c_L}{\delta\left(\dfrac{0.21105}{1+0.21105}\right)}\right]\right]\right]$$

由此得到的利润函数如下:

$$\pi_1 = \left\{\frac{1}{2} + \frac{\sigma}{2}\left[(v_L - P_1) - \left(1 + \delta\left(\frac{0.21105}{1+0.21105}\right)\right)\right.\right.$$
$$\left.\left.\times\left[v_H - \left[c_H + \frac{c_H - c_L}{\delta\left(\dfrac{0.21105}{1+0.21105}\right)}\right]\right]\right]\right\}(P_1 - c_L)$$

$\dfrac{\mathrm{d}\pi_1}{\mathrm{d}P_1} = 0$,得出 $P_1 = 0.20$。由此得到的利润为 $0.04(<0.16)$。所以公司 1 不会选择偏离到低质量,由于这是一个对称均衡,所以公司 2 也不会偏离到低质量。同样,我们需要检验,没有公司会偏离到选择一个更高的价格和/或更高水平的广告支出。如果公司 1 这么做了,即 $P_1 > P_1^* = c_H + \dfrac{c_H - c_L}{\delta\left(\dfrac{A_1^*}{1+A_1^*}\right)} > c_H + \dfrac{c_H - c_L}{\delta\left(\dfrac{A_1}{1+A_1}\right)}$,那么消费者相信这是一家高质量公司。但是,给定消费者信念和对手公司 2 的均衡策略,$A_1 = 0.21$ 和 $P_1 = 0.74$ 是公司 1 的最佳回应。因此,公司 1 无法通过这样的偏离使得自己的境况更好,公司 2 同样如此。因此,我们已经证明,以上提出的策略组成了一个两家公司同时选择高质量的均衡。

与垄断结果 $A_1^* = A_2^* = 0.14$ 和 $P_1^* = P_2^* = 1$ 相比较,双寡头垄断下的价格较低而广告支出水平较高。因此,每家公司的利润低于垄断利润 0.86。

我们已经在上文证明,在这个例子中,存在一个两家公司选择高质量的纯策略均衡。如果我们改变竞争强度 σ,保持所有其他变量值不变,我们发现,当 $\sigma \in (0, 3.15]$ 时,存在纯策略均衡(如图 4-1 所示,均衡时选择高质量的利润大于偏离到低质量的利润,因此公司在均衡时选择高质量);但是

当 $\sigma > 3.15$ 时,没有纯策略均衡。垄断情况则对应于 $\sigma \in (0,1]$。最初,当竞争效应很弱时,垄断价格和广告支出水平仍是一个均衡的结果。但是,与垄断情况相比,竞争效应很弱时存在着社会福利损失,这是因为两家公司向整个市场供应产品并且广告的投入相同。随着竞争效应变强,高质量的公司降低其价格并且增加广告支出水平,如图 4-2 所示。广告的增加会导致社会福利损失,这是因为广告的沉没成本效应会进一步支配广告的需求增强效应。随着竞争的不断加强,例如,当 $\sigma > 3.15$ 时,我们会得到同质竞争结果。直观地,高质量公司会将价格和广告设定在使其利润等于零的水平上。在这一点上,两家公司在选择高质量和低质量上是无差异的。如

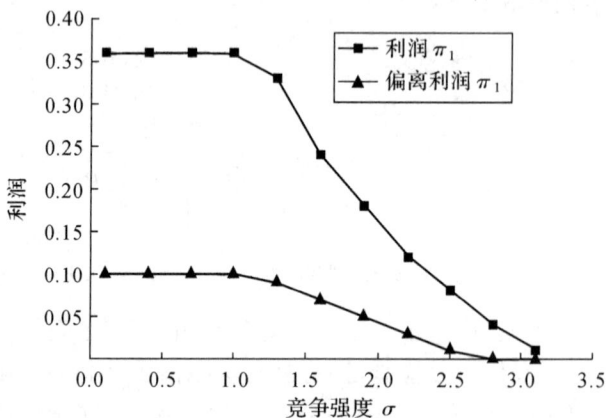

图 4-1 当公司 1 选择高质量或偏离到选择低质量时,其均衡利润随竞争强度的变化

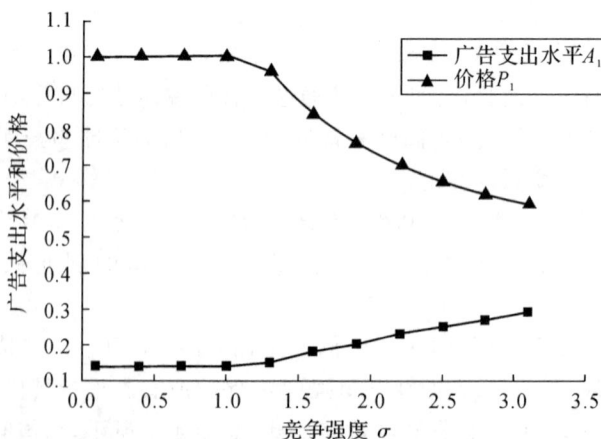

图 4-2 价格、广告支出水平与竞争强度的关系

果一家公司偏离到选择低质量,那么高质量的公司会赢得整个市场,这是因为 $v_H - c_H > v_L - c_L > 0$。如果这种情况发生,那么高质量公司会提高其价格,稍微降低其广告水平,并且获得正利润。在这种情形下,低质量公司会想要选择高质量,稍微提高广告水平,并且稍微降低定价来赢得整个市场。同样,当这种情况发生时,两家公司会互相压低价格和提高广告支出水平直到他们的利润趋于零。因此,当竞争效应非常强时,不存在纯策略均衡。

这个例子中,垄断情形下,社会福利最大化的广告支出水平为零,由此得到的总社会福利是 0.9。在不完全信息下,垄断者必须增加广告到 $A^* = 0.14$ 的水平来传递其高质量,这会将社会福利和垄断利润减少到 0.86。但是,如果存在广告禁令,垄断者就会想要选择低质量,价格下降并且最终的社会福利为 0.2。在双寡头模型中,对于低的 σ,垄断价格和广告水平依然可以是均衡结果。例如,当 $\sigma = 1$ 时,垄断广告和价格为分别 $A_1^* = A_2^* = 0.14$ 和 $P_1^* = P_2^* = 1$,重复的广告使得两家公司的总利润和社会福利是 0.72。如果存在广告禁令,两家公司都会在均衡中转向选择低质量和 $P_1^* = P_2^* = 0.2$。他们的总利润和社会福利是 0.2。随着竞争强度 σ 增加到一定程度,均衡价格下降而广告水平上升。比如,当 $\sigma = 2$ 时,公司不得不增加其广告水平到 $A_1^* = A_2^* = 0.21$,以及减少其价格到 $P_1^* = P_2^* = 0.74$。在这一情形下,他们的总利润为 0.32,而社会福利下降到 0.62。如果存在广告禁令,两家公司在均衡中依然选择低质量和 $P_1^* = P_2^* = 0.2$,总利润和社会福利是 0.2。随着竞争不断加强,公司不得不设置更低的价格和更高的广告水平,作为其高质量的传递信号,它们的总利润和总社会福利会进一步下降。比如,当 $\sigma = 3$ 时,公司不得不设定广告水平和价格,例如 $A_1^* = A_2^* = 0.28$ 和 $P_1^* = P_2^* = 0.60$,他们的总利润是 0.03,而社会福利下降到 0.52。对比禁止广告时的公司的总利润和社会福利,这时的总利润更低,而社会福利更高。

第四节 小 结

本章考察了一个公司如何通过价格和/或广告传递其无法被观测的质量选择,以及不完全质量信息的信号传递如何影响社会福利的问题。我们假设广告增加重复购买的可能性。在一般广告函数情形下,我们得出了一个在垄断和双寡头垄断的设定下的高质量均衡。在垄断下的高质量均衡中,公司的定价相同,但是广告高于其在完全信息下的最优水平。此外,垄断者由此而得到的利润和总社会福利比在完全信息下低。这是因为,当$A^* > A_H$时,广告作为一种固定沉没成本的效应支配了其需求增强效应。此外,均衡中,广告的禁令会使得公司从高质量转向低质量,这又会使公司和社会蒙受损失。

在双寡头垄断的模型中,当竞争效应很弱时,垄断均衡的结果依然成立。在某一点上,竞争效应足够大,使得价格降低时,均衡广告水平上升。对于足够强的竞争,可能不存在纯策略均衡。更低的价格只是简单地将社会福利从公司转移到消费者身上,不影响社会福利整体。这是因为缺乏弹性的需求。但是,随着竞争增强,广告水平日益提高,这趋向于进一步降低社会总福利。这是因为,双寡头垄断下的社会福利最大化的广告水平低于垄断下的社会福利最大化的广告水平,即$A_i^* \geqslant A^* > A_H$。广告禁令可能使得两家公司在均衡状态下选择低质量,从而使社会福利更加恶化。但是,如果公司仅仅需要价格就可以传递其高质量信号,那么广告禁令可能使得社会福利改善而同时使得消费者的境况变差。

我们已经着重分析了高质量均衡。同样,我们使用了一个具体的例子来阐述我们的分析。一个有意义的延伸是,考察其他类型的均衡,如两家公司同时选择低质量,或者一家公司选择高质量而另一家选择低质量。实际上,我们在具体例子中通过改变参数发现了其他类型的均衡,并且发现随着竞争的不断加强,均衡发展是从高质量到非对称再到低质量。主要的结论依然成立,即为了传递其高质量信号,强烈的竞争导致了更低的价格和更高的广告水平。当我们改变竞争强度值时,会出现在一些竞争强度的中间值上不存在纯策略均衡的问题。这使问题变得更复杂。一种不同的允许混合策略均衡的方法是值得探索的,但这将涉及允许选择价格、广告和质量的概率分布(这可能在公司之间是不对称的),这从目前的模型来看在技术上是具有挑战性的。

第四章附录

命题 1 证明

假设公司第一步选择$P = v_H$和$A = A^*$,第二步选择高质量,那么利

润为 $(1+\delta\phi(A^*))(v_H-c_H)-A^*$。或者,公司可以在第一步选择较低的价格和/或广告水平。这会使得公司在第二步偏好低质量。如果价格仍高于 v_L,那么消费者绝不会向其购买,公司无法获利。如果价格 $P\leqslant v_L$,那么消费者会在两个阶段中都向其购买,这种情况下可以通过选择完全信息下的价格和广告水平来实现其利润的最大化。由此而得到的利润为 $(1+\delta\phi(A_L))(v_L-c_L)-A_L$。因此,为了维持均衡中公司选择高质量,要求公司偏好更高的价格和广告水平,即 $(1+\delta\phi(A^*))(v_H-c_H)-A^*\geqslant(1+\delta\phi(A_L))(v_L-c_L)-A_L$。

如果公司选择高质量,由于消费者剩余为零,那么总社会福利等于公司的剩余减去固定的广告成本,即 $(1+\delta\phi(A^*))(v_H-c_H)-A^*$。这与均衡时高质量垄断公司的利润一致,但是低于完全信息下高质量垄断公司的利润和总社会福利 $(1+\delta\phi(A_H))(v_H-c_H)-A_H$。① 因此,不完全信息下产生了一个低效率的结果。这是因为广告支出有两个方面的影响:一方面,它作为固定沉没成本降低了社会福利;另一方面,它提高了消费者在下一个时期对公司产品的需求,从而提高了公司利润和社会福利。进一步地,当 $A>A_H$ 时,前一种效用主导了后一种效用。注意,$A^*>A_H$,因此用于质量信号传递的更高水平的广告导致了社会福利损失。这表明,机构比如政府可以采取成本较低的措施来告知消费者公司的质量,从而避免质量信号传递带来的广告增加,并提高了社会福利。同时,当不具备更低成本的措施时,广告禁令可能不值得提倡。这是因为,当 $A^*>A_H\geqslant0$ 时,禁止广告会使得垄断企业在均衡中选择低质量。因此,社会福利和垄断利润是 $(1+\delta\phi(0))(v_L-c_L)$,这低于或等于 $(1+\delta\phi(A_L))(v_L-c_L)-A_L$。② 这表明,一个有效的广告禁令可能导致资源配置的效率损失。如果 $(v_H-c_L)-A_H>(1+\delta\phi(A_H))(v_H-c_H)-A_H$ 是无效的,那么广告无法作为信号来传递质量,当 $A_H>0$ 时广告禁令也可能减少社会福利。

命题 2 证明

现在我们描述一个两家公司选择高质量的对称均衡。在这个均衡中,如果消费者观察到一个价格和广告组合 (P_i,A_i),对于每家公司 $i=1,2$,$v_H\geqslant P_i=c_H+\dfrac{c_H-c_L}{\delta\phi(A_i)}>v_L$,消费者相信公司 i 选择高质量。如果

---

① 注意,A_H 为完全信息下垄断公司选择高质量和价格 $P=v_H$ 时的最优广告水平。

② 注意,A_L 为完全信息下垄断公司选择低质量和价格 $P=v_L$ 时的最优广告水平。

$(1+\delta\phi(A_1))(v_H-P_1)+\dfrac{1-x}{\sigma}=(1+\delta\phi(A_2))(v_H-P_2)+\dfrac{x}{\sigma}$，那么消费者对于公司 1 和公司 2 的选择偏好无差异。因此，所有 $\bar{x}$ 左边的消费者都会向公司 1 购买，所有 $\bar{x}$ 右边的消费者都会向公司 2 购买，其中 $\bar{x}=\dfrac{1}{2}+\dfrac{\sigma}{2}\big[(1+\delta\phi(A_1))(v_H-P_1)-(1+\delta\phi(A_2))(v_H-P_2)\big]$。由于消费者在单位区间中均匀分布，因此公司 1 的市场份额是 $s_1=\bar{x}$，这也是公司 1 的需求函数。据此，公司 2 的市场份额或需求函数是 $s_2=1-s_1=1-\bar{x}$。我们可以分别写出公司 1 和公司 2 的利润函数：

$$\pi_1=\left\{\dfrac{1}{2}+\dfrac{\sigma}{2}\big[(1+\delta\phi(A_1))(v_H-P_1)-(1+\delta\phi(A_2))(v_H-P_2)\big]\right\}$$
$$\times(1+\delta\phi(A_1))(P_1-c_H)-A_1$$

$$\pi_2=\left\{\dfrac{1}{2}-\dfrac{\sigma}{2}\big[(1+\delta\phi(A_1))(v_H-P_1)-(1+\delta\phi(A_2))(v_H-P_2)\big]\right\}$$
$$\times(1+\delta\phi(A_2))(P_2-c_H)-A_2$$

对于每家公司 $i=1,2$，将 $P_i=c_H+\dfrac{c_H-c_L}{\delta\phi(A_i)}$ 代入 i 的利润函数中，一个可能的高质量的均衡可通过求解下式而获得：

$$\pi_1=\left\{\dfrac{1}{2}+\dfrac{\sigma}{2}\left[(1+\delta\phi(A_1))\left(v_H-\left(c_H+\dfrac{c_H-c_L}{\delta\phi(A_1)}\right)\right)-(1+\delta\phi(A_2))\right.\right.$$
$$\left.\left.\times\left(v_H-\left(c_H+\dfrac{c_H-c_L}{\delta\phi(A_2)}\right)\right)\right]\right\}(1+\delta\phi(A_1))\left(\dfrac{c_H-c_L}{\delta\phi(A_1)}\right)-A_1$$

$\dfrac{\mathrm{d}\pi_1}{\mathrm{d}A_1}=0$，设定 $A_1=A_2$（因为这是一个对称均衡）。我们得到：

$$\sigma=\dfrac{1+\dfrac{\delta}{2}(c_H-c_L)\dfrac{\phi'(A_1^*)}{(\delta\phi(A_1^*))^2}}{\dfrac{\delta}{2}\phi'(A_1^*)\left(v_H-c_H+\dfrac{c_H-c_L}{(\delta\phi(A_1^*))^2}\right)\left(c_H-c_L+\dfrac{c_H-c_L}{\delta\phi(A_1^*)}\right)}$$

竞争强度 σ 和公司 i 需要的传递其高质量信号的广告水平间的正向关系的一个充分条件是：

$$0<\dfrac{\delta}{2}\phi'(A_1^*)(v_H-c_H)\leqslant 1$$

其中，

$$\phi'(A_1^*)=\dfrac{1}{\dfrac{\delta}{2}(c_H-c_L)\left[\sigma\left(v_H-c_H+\dfrac{c_H-c_L}{(\delta\phi(A_1^*))^2}\right)\left(1+\dfrac{1}{\delta\phi(A_1^*)}\right)-\dfrac{1}{(\delta\phi(A_1^*))^2}\right]}$$

$$(4\text{-}4)$$

将式(4-4)代入 $0<\dfrac{\delta}{2}\phi'(A_1^*)(v_H-c_H)\leqslant 1$，得到：

$$0<\frac{v_H-c_H}{(c_H-c_L)\left[\sigma\left(v_H-c_H+\dfrac{c_H-c_L}{(\delta\phi(A_1^*))^2}\right)\left(1+\dfrac{1}{\delta\phi(A_1^*)}\right)-\dfrac{1}{(\delta\phi(A_1^*))^2}\right]}\leqslant 1$$

重新整理这个不等式，进一步得到下列条件：

$$0<$$
$$\frac{v_H-c_H}{(c_H-c_L)\left\{\sigma(v_H-c_H)\left(1+\dfrac{1}{\delta\phi(A_1^*)}\right)+\dfrac{1}{(\delta\phi(A_1^*))^2}\left[\sigma(c_H-c_L)\left(1+\dfrac{1}{\delta\phi(A_1^*)}\right)-1\right]\right\}}$$
$$\leqslant 1$$

这确保了，随着竞争在高质量均衡中不断加强，公司为了传递他们的高质量会增加其广告费。

在上述高质量均衡中，每家公司选择高质量、相同的价格和广告水平，平分市场。因此总社会福利是 $(1+\delta\phi(A_1))(v_H-c_H)-2A_1$，这一结果来自：

$$\frac{1}{2}\left[(1+\delta\phi(A_1))(v_H-P_H)+(1+\delta\phi(A_1))(P_H-c_H)\right]-A_1$$

$$+\frac{1}{2}\left[(1+\delta\phi(A_2))(v_H-P_H)+(1+\delta\phi(A_2))(P_H-c_H)\right]-A_2$$

可以看到，价格不会影响社会福利，仅仅在消费者和生产者剩余之间转移。但是，广告会通过在下一期增加消费者的需求对社会福利产生影响，并作为固定沉没成本减少社会资源。社会福利最大化的广告水平低于 A_H。由于 $A_i^*\geqslant A^*>A_H\geqslant 0$[①]，在均衡中广告趋于减少社会福利。此外，随着竞争增强，广告支出也增大，社会福利会因此而减少。在这种情况下，禁止广告可能会提高社会福利。假设存在广告禁令，由于 $A_i^*>0$，两家公司在均衡时会选择低质量，因此当 $P_i\leqslant v_H$ 时，$s_i(P_i-c_L)>s_i(1+\delta\phi(0))\times(P_i-c_H)$ 成立。即如果禁止广告，均衡中公司会从高质量转向低质量。据此，价格会下降。那么得到的社会福利为 $(1+\delta\phi(0))(v_L-c_L)$，这可能高于 $(1+\delta\phi(A_1))(v_H-c_H)-2A_1$，取决于高质量均衡中广告支出的水平如何。市场越具有竞争性，广告强度越大，高质量均衡中的社会福利就越少。因此，当存在足够的竞争时，禁止广告更有可能提高社会福利。

---

① 这是因为 $P_i=c_H+\dfrac{c_H-c_L}{\delta\phi(A_i)}$ 和 $P_i\leqslant v_H$。

但是,上述结论是基于假设$(v_H-c_L)-A_H>(1+\delta\phi(A_H))(v_H-c_H)-A_H$而得到的,也即要求公司可以通过增加他们的广告花费来传递他们无法被观测到的高质量选择。但如果$(v_H-c_L)-A_H<(1+\delta\phi(A_H))(v_H-c_H)-A_H$,那么当广告被禁止时,均衡中公司可能会选择高价格和高质量。在这一情形下,公司的总利润是$(1+\delta\phi(0))(P_i-c_H)$。当存在充分的竞争时,这可能比$(1+\delta\phi(A_1))(P_H-c_H)-2A_1$高。$(1+\delta\phi(A_1))(P_H-c_H)-2A_1$是没有广告禁令时两家公司的总利润。因此,禁止广告可能使两家公司整体变好。从消费者角度看,当禁止广告时,均衡中他们的总剩余为$(1+\delta\phi(0))(v_H-P_i)$;当没有禁止广告时为$(1+\delta\phi(A_1))(v_H-P_H)$。注意,因为$P_i>P_H$和$A_1>0$,所以$(1+\delta\phi(0))(v_H-P_i)$低于$(1+\delta\phi(A_1))\times(v_H-P_H)$。就社会福利而言,如果禁止广告,那么为$(1+\delta\phi(0))(v_H-c_H)$;如果不禁止广告,则为$(1+\delta\phi(A_1))(v_H-c_H)-2A_1$。当存在过量的广告时,$(1+\delta\phi(0))(v_H-c_H)>(1+\delta\phi(A_1))(v_H-c_H)-2A_1$。这是因为,广告作为固定沉没成本对社会福利有支配性的消极效应。因此,禁止广告可能提高社会福利,当产业竞争充分时,价格作为单独的质量传递信号值得提倡。

第五章

"一带一路"企业"走出去"策略选择

第一节 企业"走出去"的背景与现状

2013 年 9 月和 10 月,国家主席习近平在出访中亚和东南亚国家期间,先后提出了共建"丝绸之路经济带"和"21 世纪海上丝绸之路"(以下简称"一带一路")的重大倡议,强调相关各国要打造互利共赢的"利益共同体"和共同发展繁荣的"命运共同体"。2015 年 3 月,国家发展和改革委员会、外交部和商务部联合发布了《推动共建丝绸之路经济带和 21 世纪海上丝绸之路的愿景与行动》,标志着中国提出的"一带一路"倡议步入全面推进阶段,同时也为中国企业"走出去"进一步指明了方向。"丝绸之路经济带"重点畅通中国经中亚、俄罗斯至欧洲(波罗的海),中国经中亚、西亚至波斯湾、地中海,中国至东南亚、南亚、印度洋。"21 世纪海上丝绸之路"重点方向是从中国沿海港口过南海到印度洋,延伸至欧洲;从中国沿海港口过南海到南太平洋。

"一带一路"沿线的国家与地区大多属于发展中国家和转型经济体,经济发展后发优势强劲,与中国经济具有良好的互补性(王飞,2016)。"一带一路"将中亚、南亚、东南亚和西亚,中东和中东欧等地区连接起来,有利于不同地区之间互通有无、优势互补,有利于亚欧大陆合理配置资源(包括自然资源和人力资源),调整产业链,稳定产品市场,有利于各国经济进一步发展,创造新的经济增长点,增强经济的内生动力和抗风险能力,推动经济实现转型升级(王京烈,2014)。

1990—2000 年,我国企业对外投资处于起步阶段,年均对外投资额仅

22 亿美元(廖萌,2015)。2000 年 10 月召开的党的十五届五中全会,审议并通过了《中共中央关于制定国民经济和社会发展第十个五年计划的建议》,建议中首次明确提出"走出去"战略。2001 年,在"走出去"战略推动下,一大批中国企业走出国门,参与国际市场竞争,我国企业对外投资快速发展(周渝等,2016)。2002 年,我国对外直接投资只有 27 亿美元。2013 年我国对外直接投资流量为 1078.4 亿美元。2014 年我国对外直接投资增至 1231.2 亿美元,较上年增长 14.2%。

我国政府积极推动"一带一路"建设,稳步开展国际产能合作,不断完善"走出去"工作体系,中国企业融入经济全球化步伐加快。根据《2015 年度中国对外直接投资统计公报》的数据,2015 年中国对外直接投资创下了 1456.7 亿美元的历史新高,同比增长 18.3%,仅次于美国(2999.6 亿美元),并超过日本(1286.5 亿美元),成为全球第二大对外投资国。如图 5-1 所示,在 2002—2015 年期间,中国对外投资已实现连续 13 年快速增长,年均增幅高达 35.9%,"十二五"期间中国对外直接投资 5390.8 亿美元,是"十一五"的 2.4 倍。截至 2015 年年底,中国 2.02 万家境内投资者在国(境)外设立 3.08 万家对外直接投资企业,分布在全球 188 个国家(地区)。如图 5-2 所示,2015 年,中国对外直接投资存量 10978.6 亿美元,占全球外国直接投资流出存量的份额由 2002 年的 0.4% 提升至 4.4%,排名由第 25 位上升至第 8 位。2015 年年底,中国境外企业资产总额达 4.37 万亿美元。2015 年我国对"一带一路"相关国家投资快速增长,对"一带一路"相关国家

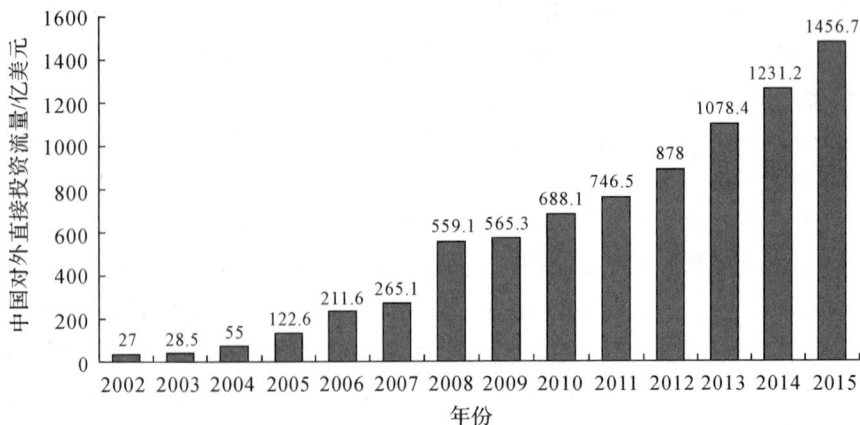

图 5-1　2002—2015 年中国对外直接投资流量

(资料来源:《2015 年度中国对外直接投资统计公报》)

的投资占当年流量总额的 13%,高达 189.3 亿美元,同比增长 38.6%。2015 年年底,中国对外直接投资存量的八成以上(83.9%)分布在发展中经济体,在发达经济体中的存量占比为 14%,另有 2.1% 存量在转型经济体中。[①]

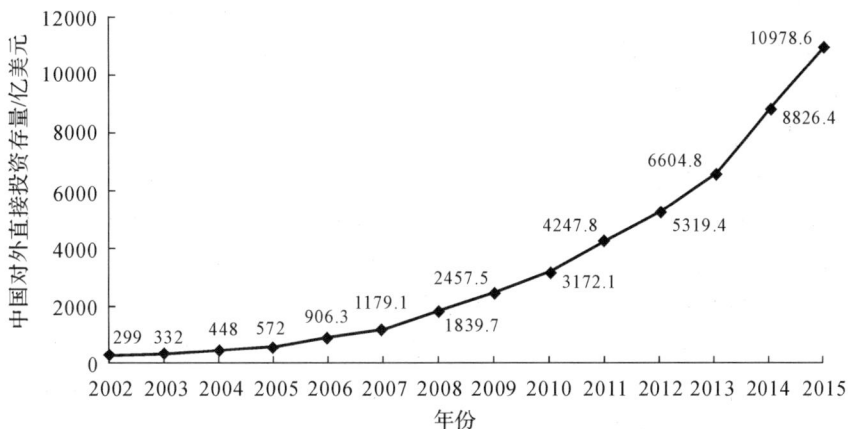

图 5-2 2002—2015 年中国对外直接投资存量

(资料来源:《2015 年度中国对外直接投资统计公报》)

第二节 企业"走出去"的价格与广告策略选择

十多年来,中国企业"走出去"取得了辉煌成就。"一带一路"战略将成为新一轮中国企业"走出去"的指南针,同时也将带来新的机遇和挑战。"一带一路"沿线国家与地区蕴含了巨大的经济发展潜力、广阔的市场拓展空间,有利于我国产业转型和再升级以及企业创新能力的提升。然而,中国的企业走出中国,在"一带一路"沿线的国家和地区投资或销售,参与国际竞争,并赢得国外市场的过程中,会面临许多的问题。比如,其他国家的政治、经济、社会环境复杂多变,商业规则、法律体系、行业标准与我国截然不同等,所有这些都将对企业的适应能力和管理水平提出更高要求(徐念沙,2015)。本章重点考察我国企业"走出去"过程中所面临的信息弱势问

---

① 商务部,国家统计局,国家外汇管理局. 2015 年度中国对外直接投资统计公报. (2016-12-08)[2017-03-02]. http://www. mofcom. gov. cn/article/tongjiziliao/dgzz/201612/20161202103624. shtml.

题,比如国外消费者对我国企业产品质量的不了解等。在这种情况下,我国企业应如何选择其产品质量、价格和广告策略,以在与国外知名企业竞争过程中,取得竞争优势,并赢得国外市场? 此外,随着我国"一带一路"倡议的不断推进,我国"走出去"的企业也将进一步增多,其中不乏许多生产或销售同样或类似产品的企业。因此,在国外市场上,我国"走出去"的企业间展开竞争时又该如何选择其产品质量、价格以及广告策略,以在国外市场赢得一席之地? 我们将在本章一一解答。

本书第二章的理论模型研究表明,当我国企业进入国外市场,与国外高知名度的在位者竞争时,信息产品差异,即国外消费者对我国企业与国外知名在位企业产品质量知晓程度的差异,不仅影响我国企业进入国外市场时产品的质量和价格策略选择,而且也对我国企业能否顺利"走出去"起着决定性的作用。如果我国"走出去"企业所生产的产品与国外知名企业所生产的产品间不存在水平化差异,那么即使我国"走出去"企业产品的质量高于国外知名企业产品的质量,且部分国外消费者知晓我国"走出去"企业产品的质量,此时我国高质量的"走出去"企业也很难通过价格策略从低质量的"走出去"企业当中凸显出来。也即我国高质量的"走出去"企业很难通过采用超高进入价格的撇脂定价方式赢得国外市场。在这种情况下,只有在国外知名在位企业已经知道我国"走出去"企业的质量,且针对我国不同质量的"走出去"企业采取不同的价格策略的情况下,我国高质量的"走出去"企业才有可能顺利进入并赢得国外市场。此时,国外在位企业会尽可能地压低其价格,以阻止我国高质量的"走出去"企业抢占市场。

本书第三章的理论模型揭示了产品差异化策略有助于我国企业"走出去"。如果我国"走出去"企业所生产的产品与国外知名企业所生产的产品间存在着水平差异化,且部分国外消费者知晓我国"走出去"企业产品的质量,那么我国高质量的"走出去"企业将可通过设定较高的价格将自己与低质量的"走出去"企业区分开来,也即高质量的"走出去"企业可以通过较高的定价策略赢得国外市场。此种情况下,如果国外知名在位者已知我国"走出去"企业的产品质量,且针对我国不同质量的"走出去"企业采取不同的价格策略,此时如果国外市场上对我国"走出去"企业产品质量知晓的消费者比例足够大,那么信息产品差异将不再影响我国"走出去"企业的价格策略。也即我国高质量的"走出去"企业在国外市场上将采取与其在国内市场上一样的价格策略。因此,我国高质量的"走出去"企业不必通过较高的价格来赢得国外市场。当国外市场上对我国"走出去"企业产品质量知晓的消费者比例处于中等水平时,我国高质量的"走出去"企业仍可成功进入国外市场,但国外在位企业会尽量压低价格,以阻止我国企业进入国外市场。

本书第四章的理论模型表明,由于国外消费者对我国"走出去"企业产品质量不了解,因此率先开拓国外市场的我国企业一般会选择较低的价格和较高的广告水平的策略。随着我国"走出去"企业数量的增加,企业会采取差异化的产品策略,同时不断加剧的竞争也会使我国"走出去"企业不断压低价格,并增加广告支出。因此,"走出去"企业的利润会因企业数量和竞争程度的增加而减少,从而一些"走出去"企业不得不退出国外市场。下面的案例分析中,我们将逐一考察我国"走出去"企业在国外市场上所采取的产品差异化策略、价格策略和广告竞争策略。

第三节 企业"走出去"的案例分析

一、中国智能手机企业"走出去"——以华为和联想为例

2016年《财富》世界500强企业排行榜中,华为投资控股有限公司和联想集团均榜上有名。它们的这种声誉与品牌形象将有助于减少信息产品差异带来的问题。即当它们拓展国外市场,与国外市场上的知名在位企业竞争时,国外知名在位企业和一些国外消费者可能已经知晓它们的品牌质量,从而减少了其进入阻力。这与本书第二章和第三章理论模型中假设的情景相符。此外,在国外市场中,联想和华为不仅要和国外手机市场中的知名在位企业竞争,它们之间也存在竞争,同时还要和其他新进入者竞争,这种竞争与本书第四章的理论模型中假设的情景相符。下面我们将分析联想和华为公司在国外手机市场中的产品质量、价格和广告策略等。

随着中国市场的放缓,印度市场正在变得重要。印度或将成为全球增速最快的智能手机市场。根据皮尤调查报告,在印度,用智能手机的人只占总人口的17%,用非智能手机的占61%,没有手机的占22%。[1] 电信运营商极力推动智能手机市场发展,未来智能手机市场的增长将比目前预测的速度

---

[1] 手机品牌都说印度是下一个中国,我们找了45个事实告诉你印度市场和印度人是怎么回事.(2016-12-08)[2017-05-12]. http://pit.ifeng.com/a/20161208/50383682_0.shtml.

要快很多。可以预见,印度将成为未来手机厂商争夺的主要市场。

联想手机是在印度市场最畅销的中国品牌手机,在印度的手机终端市场,华为尚未取得优势地位,其市场排名落后于联想和小米。联想和华为手机在印度市场的主要竞争对手包括印度本土的 Micromax、Intex、Lava,我国的小米、vivo、OPPO、金立,以及美国的苹果和韩国的三星。据国际数据公司(IDC)发布的 2016 年第三季度印度手机市场出货量排名,三星排名第一,联想已经打败印度本土手机品牌 Micromax 成为印度销量第二的品牌。

印度市场是一个注重性价比的市场,其本土品牌 Micromax 正是通过提供超高性价比的手机起家的,并快速成为本土智能手机品牌第一名。中国手机在与 Micromax 竞争的过程中应该注意差异化竞争。这种比较注重性能、质量和体验,而不只是单纯考虑价格水平的水平差异化产品市场,为中国手机企业的进入提供了机会。

联想作为我国企业进入印度市场的领先者,其价格的制订受其他竞争者的影响较小。基于印度用户价格敏感性特点,联想在收购摩托罗拉后展开了双品牌战略,联想专攻中低端市场,摩托罗拉主攻高端市场。联想品牌主打中低端市场,在产品配置与其他品牌相似的情况下给出比竞争对手更低的价格,摩托罗拉则主打高端市场,联想与摩托罗拉在印度独立发展。在垂直差异化产品竞争战略指导下,联想采用的定价策略为撇脂定价和分层定价。当推出超过行业中平均质量水平的新产品时,联想通常采取撇脂定价策略,将价格制订得尽可能高,以"撇取"到市场最高支付能力可以出的价格,以便从份额虽小但价格敏感性低的消费者那里获得利润。高价位是联想在拓展国外差异化产品市场中的一种定价策略。事实上,这里的高价格也是在向印度消费者传递其产品较高质量的信息。因此,高价位撑起了联想产品高质量的品牌形象。随着消费者对其产品认知程度的扩大,越来越多的消费者知晓其产品的质量,为了扩大市场销量,联想再进行降价销售。但联想一般不采用直接降价的方法,而是采取升级产品而不加价的变相降价法。对于质量较低的产品,联想采用较低的价位,以便进入市场(徐英,2008)。另外,联想公司的手机官方报价是确定的,消费者一般不存在议价能力;但电子商务的发展在一定程度上增加了消费者的议价能力,网上各种电子商务渠道的手机报价差距较大,不过总体来说,消费者对于联想手机的议价能力较弱。

联想善于运用不同形式的广告媒体,使得消费者可以更好地了解其产品。在传播产品信息的广告中,网络广告的投放比例较大。总体来说,联想在印度市场的广告投入较大。联想在开拓印度手机市场的过程中,较高的广告费用投入不仅有利于消费者更好地了解其产品的性能、质量等信息,同时也可向消费者传递品牌、声誉等信息,这既增加了印度消费者对联想的认知程度,也让印度消费者更好地记住了联想,更多地购买其产品,从而提高联想在印度的市场销售份额。

华为的早期业务集中于通信设备,而非移动终端。华为手机品牌大多属于制造商品牌的范畴,其手机业务选择的是多品牌策略和公司品牌策略。多品牌策略是指企业根据各目标市场的不同利益分别使用不同的品牌策略。公司品牌策略是指将公司名称注册成为其产品品牌名称的策略,这增加了华为的企业品牌资产价值,增强消费者的购买信心,强化了企业形象。由此可以看出,华为正是通过利用其公司的品牌形象来减轻信息产品差异带来的问题的,也即国外市场知名在位企业和部分国外消费者出于对品牌的了解而知晓华为手机质量性能等信息。

为了更好地赢得国外市场消费者的青睐,华为也采取了国际产品差异化策略,以满足不同国家或地区市场的特殊需求。例如,2005年,华为向国际市场推出了 WCDMA、百万像素 3G 手机新品 U636 和 U526。之后华为又推出了荣耀系列、P 系列和 Mate 系列等。在 2016 年 9 月,华为宣布与电子制造商 Flex India 合作,在印度生产智能手机,以满足印度市场需求。在国外手机市场,华为不仅采取了差异化产品竞争的策略,而且采取了有效的价格和广告策略。华为在国外手机市场采取的一般定价策略原则是:在优势市场采取高价扩容的方式获取高额利润;在劣势市场采取低价进入或低价封杀的商务政策来打压对手,获得市场。例如,在华为刚推出荣耀系列手机时,采用快速渗透策略,即公司以较低的价格水平进入市场,且促销力度很强,从而保持其产品在市场上的竞争优势。但在差异化的产品市场竞争中,华为通过制订较高的价格来传递其产品高质量的信息,这有利于建立其品牌形象。如华为的高端产品线 P 系列和 Mate 系列采取了撇脂策略,以提高华为手机业务的利润,树立企业形象。由于华为进入印度市场较晚,因此在其产品与竞争对手相比不具绝对优势时,它通过低价策略来吸引更多的消费者,保持其产品在市场上的竞争力,扩大声誉(蔡琪梦,2016)。

华为也通过支付广告费用的形式向国外消费者传播其商品与服务等信息,以促进其产品的销售,利用广告活动来造成产品的差异化,同时注重对品牌的保护,以显示本产品的特色,使产品更具有吸引力(齐妙,2016)。例如,华为请当地的知名明星进行代言,拍摄手机广告。除此之外,华为在赞助方面也投入重金,尤其是在足球赞助方面。华为先后赞助意大利 AC 米兰、德国多特蒙德、巴黎圣日耳曼、英国阿森纳、荷兰阿贾克斯、马德里竞技等多个欧洲顶级足球俱乐部,扩大其品牌在消费者市场的影响力。2014 年,令阿森纳球迷们记忆犹新的是,华为与阿森纳俱乐部联合推出定制版 "Gunner phone"华为 P7 手机,引起了球迷们不小的轰动(郭秦雯,2016)。因此,华为的巨大的广告投入也有利于其产品顺利进入目标市场、扩大知名度、表现企业和产品的价值。

二、中国汽车企业"走出去"——以奇瑞汽车在巴西为例

奇瑞汽车股份有限公司于 1997 年在安徽注册成立。2006 年 10 月,"奇瑞"被认定为中国驰名商标,并入选"中国最有价值商标 500 强"第 62 位。同年 11 月,奇瑞公司被美国《财富》杂志列为"最受赞赏的中国公司"第 11 位,成为我国唯一进入此排行榜前 25 位的国内汽车制造企业。奇瑞汽车从产品上市开始就注重开拓国内、国际两个市场,积极实施"走出去"战略,成为我国第一个将整车、CKD 散件、发动机以及整车制造技术和装备出口至国外的轿车企业(尹华等,2008)。2001 年年底,第一批奇瑞轿车开始出口,随后每年轿车出口量成倍增长;2005 年出口近 1.8 万辆,2006 年出口突破 5 万辆,占全国轿车出口的 70% 以上,占奇瑞公司当年销售总量的 16%。① 2016 年,奇瑞汽车全年累计出口 88081 万辆,占中国品牌乘用车出口量的 28% 左右;连续 14 年位居中国汽车出口量第一位,累计海外用户已超过 120 万元。奇瑞产品已覆盖全球 80 余个国家和地区,并在海外建立了 14 个生产基地,近 2000 家经销网点和服务网点。②

中国汽车生产制造商奇瑞于 2009 年开始进入巴西市场。运动型多功能车(SUV)是奇瑞在巴西销售的第一款汽车。奇瑞在巴西市场上采取了产品多样化策略,如到 2013 年,进入巴西的汽车有 QQ 系列、Cielo(奇瑞A3)系列和被巴西人称为 2010 年"年度 SUV"的瑞虎系列等。随着奇瑞汽车在巴西市场的不断开拓,其经营的产品多样化策略也得到了进一步的推进。目前,奇瑞汽车在巴西的产品主要有奇瑞、瑞麒、威麟、开瑞四大类,其

---

① 奇瑞汽车公司.[2017-05-13].http://wiki.mbalib.com/wiki/奇瑞汽车公司.
② 奇瑞连续 14 年位居中国汽车出口第一.(2017-02-16)[2017-03-12].http://auto.ifeng.com/shaoyang/xinwen/2017/0216/7343.shtml.

中奇瑞主攻轿车,瑞麒和威麟的市场定位分别为高端汽车和高端商务车,开瑞的市场定位主要为微型汽车,包括新开发的卡车。

巴西汽车市场的竞争也相当激烈。美国的福特(Ford)、通用(GM),德国的戴姆勒—克莱斯勒(Daimler Chrysler)、大众(Volkswagen),意大利的菲亚特(Fiat)、伊维科(Iveco),法国的标致(Peugeot)、雷偌(Renault),日本的本田(Honda)、三菱(Mitsubishi)、尼桑(Nissan)、丰田(Toyota),瑞典的富豪(Volvo)、斯卡尼亚(Scania),英国的路虎(Land Rover)等国外汽车品牌都已在巴西投资建厂。德国大众和意大利菲亚特是巴西汽车市场的两大汽车巨头。为了缓解在欧洲市场上的压力,德国大众在2012年决定投资34亿欧元更新在巴西的生产线,而意大利菲亚特则早在2010年就已决定投资13亿欧元在巴西创建第二座汽车制造厂。与此同时,通用公司总裁也决定在巴西引入凯迪拉克车型。

奇瑞在巴西汽车市场的竞争压力不仅来自国外知名品牌的在位者和进入者,也来自中国自主品牌的汽车企业。除了江淮、哈飞和金杯等已经在巴西销售的汽车品牌外,长城汽车也于2013年进入了巴西市场,江淮汽车另外投资了4.5亿美元在巴西建厂,力帆汽车收购了乌拉圭的Besiney公司,并在收购完成后也在巴西设立了新工厂。为了应对来自国外和国内汽车企业的竞争压力,奇瑞汽车不仅采取了产品多样化策略,而且选择了合适的价格与广告策略,从而使其在巴西市场占有一定的市场份额。

价格策略是我国企业在国际市场上竞争的重要手段,我国汽车出口企业一个明显的优势是价格较其他同级别、同配置的国际主流品牌的竞争对手较低。奇瑞汽车从2009年进入巴西开始,就全面转变了自主品牌的销售理念,通过采用新技术来提升其汽车的质量。虽然奇瑞汽车在质量和服务方面都受到了巴西人的普遍好评,但它在开拓巴西市场的过程中仍面临着信息弱势问题。在巴西汽车市场上,奇瑞的企业形象和市场认知度与世界上发达国家的汽车企业相比,如美国的通用、日本的本田等,还是有一定差距的。因此,在面临国外市场的信息弱势问题,以及国际知名在位者和国内外进入者的双重竞争压力下,奇瑞汽车在巴西市场的定价策略为:较高质量的产品采用较高的价格,而较低质量的产品采用较低的价格,通过不同价格向巴西市场消费者传递其汽车产品质量不同的信息,同时对于同等级别的竞争产品,采取较低的价格水平,以使其更能迎合巴西人低价购车的意愿。如奇瑞在巴西销售的瑞虎汽车,在巴巴市场上的定价远远低于同级别的竞争产品,当地居民迅速传播瑞虎的高性价比信息。"实用、实惠"成为当地居民对瑞虎的普遍评价。

　　竞争的压力不仅使得进入者间相互压低价格,我们的理论模型也表明进入者之间还会竞相提高广告水平。这里的广告投入旨在向目标市场的买家传递信息,以赢得机会。奇瑞汽车在巴西的广告策略不仅包括利用电视、报纸、杂志和互联网进行宣传,还包括运用比较新颖的促销形式以扩大影响,如体育营销、赛事营销、车展营销、赞助营销等。奇瑞汽车在2012年与智利国家足球队达成协议,成为智利国家足球队的唯一官方汽车赞助商和官方指定用车,赞助持续到2014年年底智利国家足球队的全部赛事完成,其中包括了2014年在巴西的世界杯赛事。奇瑞选择了智利足球队,体现了奇瑞的远见:其一,奇瑞能够赞助海外国家队,就说明了奇瑞在国际市场上已经具备了一定的影响力,已经拥有了一定的实力;其二,智利足球队是南美洲足坛的"劲旅"之一,奇瑞赞助智利足球队可以在南美洲起到大规模的宣传作用;其三,赞助时间是到2014年年底,正好在此期间经历巴西世界杯,作为"球坛劲旅"的智利队,如果在巴西世界杯上有突出表现,必然有利于奇瑞汽车在巴西的销售和投资建厂。另外,奇瑞在2013年还赞助了巴西圣保罗州的桑托斯足球队,在2014年赞助了另外一支足球队帕尔梅拉斯球队,为奇瑞在巴西的宣传加油助威;奇瑞还与世界知名球星梅西签约,梅西的代言更扩大了奇瑞在巴西的影响力(陈海明,2014)。

　　总之,在国际上,产品的企业形象同产品的价值、价格、质量一样,良好的企业形象有助于创造良好的外部营销环境,增强企业的国际竞争力,创造较高的国际营销业绩。海外市场的竞争可以说是国内市场竞争的延续,奇瑞要想获得长久的发展,除了注重市场运作与开拓,注重企业形象的提升外,提高产品质量也同样不可忽视。在目前的激烈的竞争环境下,为了维持在国际市场上的竞争优势,汽车企业们应提升企业形象和产品形象,从而提高企业市场的认知度,这样才有可能受到消费者的青睐。奇瑞在东南亚、非洲等地区树立了一定的品牌知名度。但是,奇瑞在不发达国家的汽车销量分布较为分散,基本上在每个国家的销量都不是很高,在市场占有率方面并不占优势,并不能深入地进入出口市场,这也不利于其汽车品牌的建设。此外,奇瑞的品牌在西欧、北美等地区的知名度还不是很高,国际汽车巨头们在发达国家的影响力已经根深蒂固,奇瑞汽车如果想进入,会比较困难。与欧美的汽车相比,奇瑞汽车的优势在于价格,欧美市场的在位者定会制造进入障碍,同时,日本和韩国的汽车企业进入者也会给奇瑞汽车进入欧美市场带来威胁。

三、中国家电企业"走出去"——以 TCL 在越南为例

TCL 集团股份有限公司于 1981 年建立,是中国最大的全球性规模经营的消费类电子企业集团之一,旗下拥有四家上市公司:TCL 显示科技、TCL 多媒体科技、TCL 通讯科技、通力电子。TCL 是一家从事家电、信息、通信、电工产品研发、生产及销售,集技、工、贸为一体的特大型国有控股企业。经过多年的发展,TCL 现已形成了以王牌彩电为代表的家电、通信、信息、电工四大类产品系列,并开始实施以生产王牌彩电为龙头的音视频产品和以手机为代表的移动通信终端产品的发展策略来拉动企业增长。TCL 以市场为先导,积极发展海外市场,已在世界许多国家设立了销售公司或商务代表处,在越南和印度建立了彩电创造基地。2000年,TCL 被评为"国家认定企业技术中心",2011 年入选首批"国家技术创新示范企业"。2009 年,TCL 液晶电视全球市场份额排名第 7 位。2016年,TCL 在中国 500 强企业排行榜中排名第 56 位(王健康,2014)。

1999 年 TCL 正式进驻越南,这也是 TCL 在彩电投资的第一个海外子公司。进入之初,越南的彩电市场存在着严重的产能过剩。1999 年,越南国内市场彩电的需求量约为 65 万台,而其国内生产能力已经超过 300 万台。除此之外,韩国的三星、日本的松下等品牌早在十几年前就已经进入了越南市场,而且这些在越南投资经营的日本、韩国的企业在整体实力和经济条件上都比我国的 TCL 强。这些日本、韩国的企业是越南彩电市场上的知名在位者,越南人对日本、韩国的这些品牌很熟悉。相比之下,TCL当时却是越南彩电市场的进入者,越南消费者并不熟悉 TCL 品牌,因而对TCL 彩电产品的认知程度也低,这就给 TCL 进驻越南带来了较大的困难。然而面对如此激烈的竞争,TCL 却成功地进入了越南彩电市场。TCL 越南公司从 2001 年开始盈利。2004 年,TCL 彩电销售量全球第一,超越日本、韩国的彩电品牌,在越南市场的占有率位列第三。截至 2009 年,TCL在越南的彩电市场占有率已连续数年名列前三名,并已成为越南彩电市场上的知名品牌。下面我们就 TCL 的产品差异化策略、价格策略和广告策略进行分析。

在 TCL 进驻越南之前,同样是中国"彩电巨头"的康佳也在越南发展,但因为产品定位错误,跟其他的彩电品牌打"价格战",结果投资失败,不得

不退出越南市场。TCL 吸取了康佳失败的教训，找准了自己的产品定位。在对越南彩电市场做了大量的调查研究之后，TCL 认为越南彩电市场上产能过剩、供大于求的主要原因在于，越南市场上占主导地位的日本、韩国的彩电产品售价过高，而越南作为一个发展中国家，1999 年越南的人均月收入为 29.5 万越盾，相当于 21.07 美元。① 人均消费水平较低，因此，大部分越南消费者实际上对于市场在位者的国际名牌彩电尚不具备足够的购买能力。而随着越南经济发展水平的提高和居民购买力的提升，质量高、价格适中的彩电产品将会是大众消费市场的趋势和主流，因而，市场还存在着相当大的空间，并没有饱和。TCL 在越南市场上将其彩电品牌定位于中高端的大众品牌，并不断研发适合当地的产品，注重本土化，同时也积极优化其产品性能和提高其商品的实用程度。例如，鉴于越南雷雨天气较多的特点，TCL 加强了其产品的防雷功能。另外，TCL 电视机的信号接收性能较好，甚至超过索尼和三星。TCL 在越南市场推广的产品基本上与国内市场同步，产品的许多功能在越南市场推出时都是独一无二的（阮氏恒海，2012）。

TCL 的差异化产品策略不仅体现在其产品性能和实用程度上，还体现在其产品质量的严格控制和售后服务等方面。例如，TCL 对产品检测时，对所有产品进行检测，而并不采取抽样的方法。一旦发现劣质品就立刻将其退出产品线，不允许它进入市场。在售后服务方面，TCL 设立了专门的全天候售后热线，这样，消费者发现产品质量问题时，随时都可以拨打服务电话，并且这些电话也与产品经理的绩效挂钩，从而使产品经理能够直接接触产品投入市场后的消费者，并能在第一时间做出改进。此外，TCL 还采取快速主动上门维修的策略，做得更加人性化。因为彩电是大件的商品，如果消费者在产品出现故障之后自己去专卖店维修，将会十分的费时费力。TCL 几乎在每个省都有特约维修站，客户都能享受到及时的维修处理服务。TCL 的保修时间比其他品牌要长，TCL 的保修期都是两年，而其他品牌的保修期一般为一年。这些策略一方面加强了 TCL 产品的差异化，另一方面也向越南消费者传递其产品质量信息，有助于克服 TCL 进入越南市场的信息劣势问题并赢得市场份额。

尽管 TCL 进入越南市场比其他中国家电企业早，但国外的一些知名品牌，如韩国的三星、日本的松下等早已进入了越南市场。因此，相对于越

---

① 华信，2000. 越南 1999 年国民人均收入增加. 东南亚南亚信息，(9)：30-31.

南市场在位者的国际知名品牌,TCL产品在进入越南市场时存在信息劣势问题,一些消费者对TCL产品质量不了解,而且早期中越边境贸易的许多劣质商品也使得越南消费者对中国产品有着很深的偏见与误解。这就使得TCL产品在越南市场销售时面临的信息劣势问题更加突出。因此,为了克服信息弱势问题,并逐步建立起自己的品牌,TCL对不同质量的商品采取了不同的价格策略,较高质量的产品选择较高的价格,而较低质量的产品选择较低的价格,以便消费者区分其产品的不同质量。同时,来自其他进入者的竞争使TCL选择了较低的价格,与同档次产品相比,其性价比较高,其销售量逐年增加(梅新育,2010)。

TCL在广告方面的投入相对不多。TCL在2008年越南家电市场广告投入排名中名列第四,前三名均为日本、韩国的企业。越南当地的广告成本较高,如在TCL刚开辟越南市场时,在胡志明市电视台播放30秒钟的广告的费用要1300美元。由于广告费用相对较高,更重要的是当时的中国产品还未得到越南民众的基本认同,TCL在传播方式上选择了一条新闻公关的路子。TCL与越南大使馆、中国共青团和越南共青团成立了越南青年基金会。每卖出一台彩电,将提取5元人民币给基金会,基金会每年组织一次越南优秀青年团员代表到中国学习考察。如此,TCL帮助搭建了中越友好的桥梁,这在越南形成了良好的口碑。不但如此,TCL越南公司还向越南贫困地区中小学捐赠财物。这使得TCL一方面节省了广告费用,另一方面建立了良好的企业形象(杨琼,2015)。

第四节　小　结

当中国的企业进入国外市场时,它们是以新进入者的形象出现的,有些消费者对于这些企业并不是很熟悉,这些企业在国外的声誉也没有完全建立起来,因此,我国企业在"走出去"过程中面临着信息弱势问题。中国企业在国外既要面对与当地知名在位企业的竞争,也要面对新兴企业在国外的竞争。本章重点分析了在国外市场上,面临信息弱势时,我国的联想、华为、奇瑞汽车和TCL等企业"走出去"过程中所采取的产品差异化策略、价格策略和广告策略。

案例分析结果表明,为了争夺市场,中国企业在进入国际市场初期需要采取产品差异化措施,这有助于我国企业在与国外知名在位企业竞争过程中，取得竞争优势，并赢得国外市场。同时，我国"走出去"企业在国外市场上面临信息弱势问题，为了在国外市场上逐步建立自己的企业形象和品牌，我国"走出去"企业应对不同质量的产品采取不同的价格策略。对于高质量的产品可采用较高的进入价格，而对于低质量的产品则可采用较低的进入价格。另外，随着我国"一带一路"倡议的不断推进，我国"走出去"的企业所面临的国内外的竞争程度也将进一步增强。这种竞争程度的增强将使我国"走出去"企业不得不降低其产品的价格，也即同等质量水平产品的价格将会有所下降。与此同时，加剧的竞争也会使得企业提高其广告支出，这一方面有助于刺激消费者需求，另一方面也向国外消费者传递其产品质量的信息。

第六章

结　　论

在第二章和第三章中，我们研究了在经验品市场中，一家进入公司如何向消费者传递其无法被观测的质量信息，以及当这家公司与一家高知名度的在位者竞争时，信息产品差异如何影响新公司的进入。进入者的质量由自然决定。一些消费者知晓进入者的质量而其他消费者并不知晓。我们考察了两种信息结构，即在位者可能知道亦可能不知道进入者的质量，但是重点考察了在位者知道进入者质量的情况。

第二章，我们从两个方面扩展了 Bagwell(1990)的模型，即假定存在一些知情消费者和在位者，研究了一个没有水平差异化的经验品市场。这可能涉及在位者和进入者传递进入者质量的共同信息。通过运用来自 Bagwell 等(1991)的无偏精炼，我们发现，在均衡中，在位者的低价格传递进入者的高质量以及在位者的高价格传递进入者的低质量。更进一步地，在这个均衡中，一家新公司的进入变得更容易。这是因为进入者可以借助在位者的分离价格策略来传递其高质量的信息。

第三章，我们通过引入水平化产品差异，拓展了第二章的模型。这产生了一些额外的亮点。我们发现，进入者的高价格传递其高质量信息，且即使在位者没有关于进入者质量的私人信息，不完全信息也会使进入者得到鼓励。这与不存在水平差异化的经验品市场中得到的结论形成对比，其中进入者的高价格传递出其高质量信息，但是进入受挫。在位者知情的情形下会产生两个额外的均衡。我们揭示了，当知情消费者的比例足够大时，存在一个分离均衡，该均衡中在位者和进入者像在完全信息下一样采取策略。换句话说，当知情消费者数量足够大时，不存在扭曲的均衡。在一个在位者采取分离价格而进入者采用混同价格的均衡中，在位者的高价格传递进入者的低质量信息，而在位者的低价格传递进入者的高质量信息。与没有水平差异化的经验品市场中的结论一致,进入变得更容易。

第四章,我们研究了公司如何同时使用价格和广告作为信号传递其无法被观测的质量选择。质量由公司内生选择。我们考虑了一个两期模型。首先,我们考察了垄断情景下的经典信号传递模型。其次,我们考察了内生质量设定下的垄断模型。最后,我们将垄断模型拓展到两家竞争公司的情形。在内生质量文献中,这是价格和广告第一次同时被正式地考察。为了解决多个均衡问题,我们使用了 In 和 Wright(2012)提出的重新排序不变性。也即,我们考察了先选择可观测的价格和广告组合,后选择无法被观测的质量的重新排序的博弈。我们发现了一个唯一的精炼贝叶斯均衡,此均衡中,如果价格无法单独作为一个高质量信息的信号,那么公司应设定一个高于完全信息下最优的广告水平,传递其高质量信号。进一步地,我们发现,随着竞争从垄断开始逐渐增加,公司趋于以设定更低的价格和更高的广告水平来传递其高质量。如果价格无法单独作为一个传递高质量信息的信号,社会福利就会随着用于传递高质量信号的广告水平的不断提高而减少。如果价格无法单独作为高质量传递信号,随着竞争变得更强,更高的广告水平就会导致社会福利的进一步下降。

随着我国"一带一路"倡议的不断推进,我国"走出去"的企业也将越来越多。当我国的企业进入国外市场时,它们不仅要面对与国外市场上的知名在位企业的竞争,也要面对国外市场上与新进入者的竞争。不仅如此,我国企业"走出去"过程中还面临着信息弱势的问题,如信息产品差异。第五章,我们通过对四家企业"走出去"案例的分析,考察了我国"一带一路"企业"走出去"时的产品质量、价格和广告策略选择,并发现了与由模型得出的一致的结论。案例中,企业在"走出去"过程中均采取了产品差异化策略,这有助于它们赢得国外市场。同时,我们也发现,我国"走出去"企业对不同质量的产品采取不同的价格策略。对于高质量的产品采用了较高的进入价格,而对于低质量的产品则采用了较低的进入价格。随着竞争程度的不断增强,我国"走出去"企业产品的价格下降,即同等质量水平产品的价格有所下降,而企业的广告支出水平逐渐上升。

参考文献

[1] Akerlof G,1970. The market for "Lemons":Quality,uncertaintly,and the market mechanism. Quarterly,Journal of Economics,84:488-500.

[2] Bagwell K,1990. Informational product differentiation as a barrier to entry. International Journal of Industrial Organization,8:207-223.

[3] Bagwell K,1992. Pricing to signal product line quality. Journal of Economics & Management Strategy,1(1):151-174.

[4] Bagwell K,2007. The economic analysis of advertising. Armstrong, Porter Rob. Handbook of Industrial Organization. Amsterdam, 3: 1701-1844.

[5] Bagwell K,Overgaard P B,2006. Look how little I'm advertising. [2017-03-01]. http://www. econ. au. dk/vip_htm/povergaard/pbohome/ pbohome. html.

[6] Bagwell K,Ramey G,1991. Oligopoly limit pricing. Rand Journal of Economics,22:155-172.

[7] Bagwell K, Riordan M H, 1991. High and declining prices signal product quality. American Economic Review,81:224-239.

[8] Bain J S, 1956. Barriers to New Competition:Their Character and Consequences in Manufacturing Industries. Cambridge: Harvard University Press.

[9] Barigozzi F, Garella P G, Peitz M, 2006. Advertising and prices as signals of quality:competing against a renowned brand. [2016-04-22]. http://www2. dse. unibo. it/barigozz/prices-march23-06. pdf.

[10] Benjamin K,Leffer K B,1981. The role of market forces in assuring contractual performance. The Journal of Political Economy,89(4): 615-641.

[11] Bester H,1998. Quality uncertainty mitigates product differentiation. The Rand Journal of Economics,29(4):828-844.

[12] Cho I K,Kreps D M,1987. Signaling games and stable equilibria. Quarterly Journal of Economics,102:179-221.

[13] Daughety A F,Reinganum J F,2007a. Competition and confidentiality: signaling quality in a duopoly when there is universal private information. Games and Economic Behavior,58:94-120.

[14] Daughety A F, Reinganum J F, 2007b. Imperfect competition and quality signaling. [2017-04-12]. http://ssrn. com/abstract=759707.

[15] Daughety A F, Reinganum J F, 2008. Imperfect competition and quality signaling. Rand Journal of Economics,39(1):163-183.

[16] De Bijl,Paul W J,1997. Entry deterrence and signaling in markets for search goods. International Journal of Industrial Organization, 16: 1-19.

[17] Farrell J,1986. Moral hazard as an entry barrier. Rand Journal of Economics,1985,17(17):440-449.

[18] Farrell J, 1980. Prices as signals of quality. Oxford: University of Oxford.

[19] Fluet C, Garella P G, 2002. Advertising and prices as signals of quality in a regime of price rivalry. International Journal of Industrial Organization,20(7):907-930.

[20] Fudenberg D,Tirole J,1991. Perfect Bayesian equilibrium and sequential equilibrium. Journal of Economic Theory,53:236-260.

[21] Geistfeld L V,1982. The price quality relationship-revisited. Journal of Consumer Affairs,16:334-335.

[22] Gerstner E,1985. Do higher prices signal higher quality?. Journal of Marketing Research,22(2):209-215.

[23] Harrington J E, 1987. Oligopolistic entry deterrence under incomplete information. Rand Journal of Economics,18(2):211-231.

[24] Hertzendorf M N,Overgaard P B,2001. Price competition and advertising signals: signaling by competing senders. Journal of Economics & Management Strategy,10(4):621-662.

[25] In Y,Wright J,2012. Signaling private choices. mimeo.

[26] Janssen M C W, Roy S, 2007. Signaling quality through prices in an oligopoly. Tinbergen Institute Discussions Paper.

[27] Kihlstrom R E, Riordan M H, 1984. Advertising as a signal. Journal of Political Economy, 92(3):427-450.

[28] Kirmani A, Rao A R, 2000. No pain, no gain: A critical review of the literature on signaling unobservable product quality. Journal of Marketing, 64:66-79.

[29] Kreps D, Wilson R, 1982. Sequential equilibrium. Econometrica, 50: 863-894.

[30] Linnemer L, 2002. Price and advertising as signals of quality when some consumers are informed. International Journal of Industrial Organization, 20:931-947.

[31] Linnemer L, 2008. Dissipative advertising signals quality even without repeat purchase. CESifo Working paper.

[32] Matthews S A, Fertig D, 1990. Advertising signals of product quality. Evanston: Northwestern University.

[33] Milgrom P, Roberts J, 1986. Price and advertising signals of product quality. Journal of Political Economy, 94(4):796-821.

[34] Nelson P, 1974. Advertising as information. Journal of Political Economy, 82(4):729-54.

[35] Nelson P, 1970. Information and consumer behavior. Journal of Political Economy, 78:311-329.

[36] Orzach R, Yauman Y, 1996. Signalling reversal. International Economic Review, 37(2):453-464.

[37] Rasmusen E, 2008. Quality-Ensuring Profits. mimeo.

[38] Riesz P C, 1978. Price versus quality in the market place. Journal of Retailing, 54:15-28.

[39] Riordan M H, 1986. Monopolistic competition with experience goods. Quarterly Journal of Economics, 101:265-279.

[40] Rogerson W P, 1988. Price advertising and the deterioration of product quality. Review of Economic Studies, 55(2):215-229.

[41] Schmalensee R, 1982. Product differentiation advantages of pioneering brands. American Economic Review, 72:349-365.

[42] Sharpiro C,1983. Premiums for high quality products as returns to reputations. Quarterly Journal of Economics,98(4):659-680.

[43] Sproles G B, 1977. New evidence on price and product quality. Journal of Consumer affairs,11:63-77.

[44] Tirole J,1988. The theory of industrial organization. Cambridge:MIT Press.

[45] Von W C C,1980. A welfare analysis of barrier to entry. Bell Journal of Economics,11(2):399-420.

[46] Wolinsky A,1983. Prices as signals of product quality. Review of Economics Studies,50:647-658.

[47] Yehezkel Y,2009. Signaling quality in oligopoly when some consumers are informed. Journal of Economics & Management Strategy,17(4):937-972.

[48] 蔡琪梦,2016.市场营销策略在企业走出去过程中的应用分析——以华为为例.商贸纵横,132-133.

[49] 陈海明,2014.奇瑞汽车开拓巴西市场的营销策略研究.沈阳:辽宁大学.

[50] 郭秦雯,2016.以华为为例分析企业"走出去"过程中市场营销策略的应用.经贸实践,109-110.

[51] 廖萌,2015."一带一路"建设背景下我国企业"走出去"的机遇与挑战.经济纵横,9:30-33.

[52] 梅新育,2010.TCL 在越南:一个相对成功的中国企业海外投资案例.公司战略,53-68.

[53] 齐妙,2016.华为手机进军印度的市场探索及发展前景分析.经济贸易,837(30):28-29.

[54] 阮氏恒海,2012.中国企业在越南经营的案例研究.上海:华东理工大学.

[55] 王飞,2016.山东社科院李广杰:投资"一带一路"不仅是转移过剩产能.(2016-10-09)[2017-04-02].http://www.qlmoney.com/content/20161009-218041.html.

[56] 王健康,2014.TCL 集团在越南的投资战略分析.东南亚纵横,3:76-79.

[57] 王京烈,2014.共建"丝绸之路经济带"的机遇及中国中东战略.阿拉伯世界研究,3:16-31.

［58］徐念沙,2015."一带一路"战略下中国企业走出去的思考.经济科学,
　　　(3):17-19.

［59］徐英,2008.跨国公司营销策略研究——基于三星和联想的对比分析.
　　　杭州:浙江工商大学.

［60］杨琼,2015.越南的投资环境与中国企业对越投资策略研究.昆明:云
　　　南大学.

［61］尹华,云芳芳,2008.奇瑞汽车开拓美国市场的营销策略分析.经济研
　　　究导刊,13:128-129.

［62］周渝,吴婧,张一心,等,2016."一带一路"战略背景下中国企业"走出
　　　去"的环境挑战.未来与发展,2:103-107.

索 引